Liebe Leserin, lieber Leser,

mit diesem Buch haben Sie einen guten Griff getan! Denn egal, was Sie vorhaben – ob Sie modernisieren oder verschönern, ob Sie reparieren oder Ihren Garten attraktiver gestalten möchten –, jetzt kann nichts mehr schiefgehen. Die Fachautoren von Europas auflagenstärkstem Do-it-yourself-Magazin „SelberMachen" präsentieren Ihnen Heimwerken auf dem neuesten Stand. Schritt für Schritt werden sämtliche Handgriffe und kleinen Tricks erklärt. Alles, was wir Ihnen hier zeigen, ist vielfach und ausführlich in den Werkstätten von „SelberMachen" getestet und erprobt worden. Wir wünschen Ihnen viel Freude und Erfolg bei all Ihren Selbermacher-Plänen!

Undine Kalmus

Gewässer im Garten

Teiche, Bäche, Springbrunnen

rororo selber machen

rororo selbermachen
herausgegeben von Wolf Dietrich Laatzen

Die Reihe rororo selbermachen wird produziert von
der Redaktion der Zeitschrift SelberMachen,
Jahreszeiten-Verlag, Hamburg

*Autorin und Verlag bedanken sich bei
Heissner GmbH, Lauterbach und
OASE-Pumpen, Hörstel, die technische
Informationen, Fotos und fachlichen Rat
beigesteuert haben, für die freundliche
Unterstützung bei der Entstehung dieses Buchs.*

*Originalausgabe
Veröffentlicht im
Rowohlt Taschenbuch Verlag GmbH,
Reinbek bei Hamburg, September 1997*

*Layout Simone Sander
Umschlaggestaltung Walter Hellmann
(Foto Frank Willhöft)
Lithographie Druckformdienst Alphabeta,
Hamburg
Satz PostScript Sabon und Frutiger auf
Apple Macintosh, QuarkXPress 3.31
Gesamtherstellung Clausen & Bosse, Leck
Printed in Germany
1990-ISBN 3 499 60315 2*

Inhalt

Das Spiel von Licht und Schatten auf der spiegelnden Wasserfläche fasziniert zu jeder Jahreszeit.

Eine Wasserfläche, in der sich Himmel und Pflanzen spiegeln, bringt Leben in den Garten. Auch wenn das Grundstück noch so klein ist, für einen Teich oder einen Bachlauf ist immer Platz.

Traumhaft schön: Teiche,

Bäche, Brücken und Stege

Die schönsten **Ideen** für die Gestaltung eines

Große Steine bilden einen reizvollen Kontrast zu den üppig wachsenden Sumpf- und Wasserpflanzen. Als Einfassung am Teich, als Geröll im Bachlauf oder Stufe, über die das Wasser hinabplätschert, sind sie ein wichtiges Gestaltungsmittel im

Wassergarten. Sie begrenzen gleichzeitig die Fläche, auf der Pflanzen wachsen können, und sorgen dafür, daß der Blick auf die Wasserfläche

an einigen Stellen frei bleibt. In einem kleinen Garten kann ein Teich die pflegeaufwendige Rasenfläche ersetzen. Mit einem Sitzplatz und robusten, blühenden Stauden am Ufer macht er den Garten zu einem Ort für Genießer. Rhododendren und Azaleen geben Schutz gegen Wind und unerwünschte Einblicke.

Pflanzen im und am Teich:

Gute Erde, gesunde Pflanzen, die richtige Pflege: All das spielt eine Rolle, wenn die Freude an den Sumpf- und Wasserpflanzen lange anhalten soll.

Die beste Erde für Teichpflanzen ist nährstoffarm

Die normale Gartenerde ist für Teichpflanzen ungeeignet, da sie in der Regel zu viele Nährstoffe enthält. Ideal ist lehmiger Boden, der mit einem Drittel Gartenerde, Kompost oder Torf vermengt wird. Diese Mischung ähnelt der, die in Naturteichen im Lauf der Zeit entsteht.
Ist zuwenig lehmige Erde vorhanden, verteilt man als untere Schicht leichte Erde und deckt sie dann mit der schwereren Erde ab. So können keine Bodenpartikel aufschwimmen, und gründelnde Fische wirbeln nicht so viel auf, daß das Wasser trübe wird.
Ist im Garten gar keine lehmige Erde zu finden, kann ein guter Ersatz aus nährstoffarmem Boden hergestellt werden, der mit 10 bis 30 % Tonmehl (Bentonit) vermischt wird.

Die richtige Dicke für die Erdschicht im Teich

Der Teichboden sollte höchstens 20 cm dick mit Erde bedeckt werden, damit nicht allein durch die Menge unerwünschte Nährstoffe ins Wasser gelangen oder sich in der Bodenschicht sammeln. Wenn die Pflanzen in Körben eingesetzt werden, kann auf Erde sogar ganz verzichtet werden, denn für die Wurzelballen reicht das Substrat im Korb aus. Besonders bei kleinen Teichen hat diese Methode Vorteile, denn durch begrenzten Wurzelraum werden die Pflanzen am Wuchern gehindert, und das Wasser bleibt ohne viel Zutun klar.
Wenn Erde eingefüllt wird, bedeckt man nur die ebenen Flächen aller Tiefenzonen. Schon beim Modellieren der Teichgrube sollte man darauf achten, die Terrassenstufen in der Böschung leicht nach außen abfallend zu formen, damit die Erde nicht zur Teichmitte rutscht.
Als Abdeckung der Erdschicht eignet sich grober, gewaschener Kies: Er verhindert ähnlich wie die Schicht aus schwerem Lehm, daß sich Erde unkontrolliert im Teich verteilt.

Auch Teichpflanzen brauchen ab und zu Dünger

Die meisten Wasserpflanzen sind sehr sparsam im Verbrauch von Nährstoffen und können deshalb auch in ungedüngter Erde prachtvoll gedeihen. Anders ist es bei Pflanzen, die in Körben wachsen, weil sie nur begrenzten Raum für die Wurzeln zur Verfügung haben. Geeignet als Nährstoffergänzung sind organische Dünger und eventuell Hornspäne.
Beides wird sparsam dosiert – wieviel nötig ist, hängt von der Art und Größe der Pflanze ab und sollte beim Kauf in der Gärtnerei erfragt werden. Die Nährstoffe können mit lehmiger Erde zu einer Kugel geformt werden, die sich leicht ins Pflanzsubstrat drücken läßt. Eine andere Möglichkeit: Die Pflanzen werden einmal jährlich aus dem Korb genommen und in neue, aufgedüngte Erde gesetzt.

Pflanzung in Körben oder in Teicherde?

Ob die Pflanzen besser in Körbe oder direkt in Erde gesetzt werden, hängt von mehreren Faktoren ab. Der Vorteil von Körben besteht darin, daß weniger Erde gebraucht wird und damit auch weniger Nährstoffe in den Teich gelangen. Körbe

So gedeihen sie immer.

sind ideal für Pflanzen, die zum Wuchern neigen, weil sie im begrenzten Raum kontrollierbar bleiben. Außerdem empfehlen sie sich für alle Gewächse, die nicht winterhart sind und vor dem Frost ins Haus geholt werden müssen. Auch bei Seerosen, die in einem flachen Teich wachsen, sind Körbe unumgänglich, weil die Pflanzen sonst nicht für die kalte Jahreszeit in einen Eimer mit Wasser umgesetzt werden könnten, ohne Schaden zu nehmen.

Demgegenüber müssen Pflanzen in Körben regelmäßig nachgedüngt werden, was in großen, dichtbewachsenen Teichen sehr mühsam ist. Ebenso mühsam ist es, aus großen Teichen Tiefwasserpflanzen herauszunehmen, weil sie ins Haus müssen. Als Faustregel kann gelten, daß die Pflanzung in Körben bei kleinen Teichen (also solchen, bei der die Mitte vom Ufer aus zu erreichen ist) die beste Lösung ist. Bei allen größeren Gewässern sollte in Erde gepflanzt werden.

Die beste Zeit, Wasserpflanzen zu setzen

Die Hauptwachstumszeit auch für Sumpf- und Wasserpflanzen sind Frühjahr und Sommer. Deshalb haben sie in dieser Zeit auch die besten Chancen, anzuwachsen und im selben Jahr noch zu blühen. Da die Pflanzen aber generell in Körben verkauft werden, können sie auch zu jeder anderen Zeit in den Teich gesetzt werden. Je später die Pflanzen gekauft werden, desto kräftiger sind sie, und desto leichter ist ihre Qualität zu erkennen.

So werden die Wasserpflanzen eingesetzt

Wenn die erste Erdschicht am Boden des Teichs eingebracht ist, läßt man so viel Wasser einlaufen, daß sie gut bedeckt ist. Dann setzt man dort die Pflanzen der Tiefwasserzone ein und deckt den Wurzelbereich mit Kies oder Lehm ab, damit die Erde nicht aufschwimmt. Bis die Pflanzen ganz mit Wasser bedeckt sind, breitet man ein Schattierungsnetz darüber, da die oberirdischen, normalerweise aber im Wasser wachsenden Teile leicht durch die Sonne geschädigt werden. Zone für Zone wird nun nach dieser Methode weitergearbeitet, bis der endgültige Wasserstand erreicht ist. Die Pflanzen wachsen besser an, wenn sie in den ersten Tagen noch mit Netzen schattiert werden.

Die Pflanztiefe ist wichtig für das gute Gedeihen

Grundsätzlich werden alle Wasserpflanzen bis zum Wurzelhals in die Erde gesetzt. Das heißt, daß vom Wurzelwerk nichts mehr zu sehen sein darf. Seerosen werden als Rhizome verkauft. Bei ihnen schneidet man die Wurzeln eine Handbreit unter dem Rhizom ab und drückt das Stück schräg in den Boden. Das Ende soll mit der Oberfläche der Bodenschicht bündig sein. Damit es nicht aufschwimmt, verankert man das Rhizom mit einem Holzhaken in der Erde oder deckt die Pflanzstelle mit Kies ab.

Der Teich verträgt nur eine bestimmte Menge von Pflanzen

Sumpf- und Wasserpflanzen wachsen im allgemeinen schnell und sehr kräftig. Damit der Teich nicht schon im ersten Jahr nach der Neuanlage ausgelichtet werden muß, dürfen die Pflanzen zu Beginn nicht zu dicht gepflanzt werden. Hier einige Richtmengen: Am Teichrand braucht man pro Quadratmeter 2 bis 3 kräftige Pflanzen, für die Sumpfzone 4 bis 6, für die Flachwasserzone 3 bis 4 Pflanzen sowie 2 bis 3 Unterwasserpflanzen.

Wie viele Seerosen in den Teich eingesetzt werden können, hängt von der Größe der freien Wasserfläche ab. Bei bis zu 5 Quadratmetern hat eine Pflanze Platz, bei bis zu 8 Quadratmetern sind es zwei, und bei mehr als 8 Quadratmetern gedeihen drei und mehr Seerosen. Bei der Berechnung kommt es darauf an, die unbewachsene Wasserfläche zu schätzen und nicht die Teichgröße von Ufer zu Ufer als Richtwert zu nehmen.

Einige Pflanzen, die im Teich unerwünscht sind

In einem großen Teich stellt sich in der Regel von selbst ein Gleichgewicht zwischen den eingesetzten Pflanzen her. Es gibt aber einige wuchernde Unterwasserpflanzen, die andere Gewächse sehr in Bedrängnis bringen oder die dem Wasser eine Reihe von unverzichtbaren Stoffen entziehen. Dazu gehören die Kanadische Wasserpest *(Elodea canadensis)*, Wasserquirl *(Hydrilla verticillata)*, Wasserlinse und Entengrütze *(Lemna minor)* oder Feemoos *(Azolla caroliniana)*.
Sie alle wachsen besonders in nährstoffreichem Wasser und sollten abgefischt und kompostiert werden, wenn sie überhandnehmen. Damit werden dem Teich Nährstoffe entzogen, die dem Kompost zugute kommen.

Algen sind unvermeidlich, aber nicht verhängnisvoll

In jedem neu angelegten Teich entwickeln sich zunächst Grünalgen, die die Wasserfläche wie ein Film überziehen. Das sieht nicht schön aus, ist aber kein Grund für Eingriffe, denn diese Algen verschwinden von selbst, sobald eine Mikrofauna entstanden ist. Vermeiden läßt sich diese Algenbildung durch Schwarztorf, der in Säckchen gefüllt und ins Wasser gehängt wird, oder mit Gartenteichenthärter. Beide Stoffe machen das Wasser leicht sauer.
In älteren Teichen entwickeln sich vor allem in der warmen Jahreszeit Fadenalgen, die leicht abgefischt und kompostiert werden können. Sie sind kein Alarmsignal dafür, daß mit dem Teichwasser etwas nicht stimmt. Im Gegenteil: Sie sind Zeichen für gutes, sauerstoffreiches Wasser. Da sie aber durch ihre Menge die sauerstoffproduzierenden Unterwasserpflanzen stark beschatten und im Wachstum hemmen, ist es besser, die Fadenalgen regelmäßig zu entfernen.
Natürliche Mittel gegen ihr allzu starkes Wachstum sind Schwimmpflanzen wie Krebsschere *(Stratiotes aloides)*, Hornblatt *(Ceratophyllum demersum)* oder Froschbiß *(Hydrocharis morsus-ranae)*.

Erste Hilfe: Was tun, wenn der Teich „kippt"?

Zu viele Nährstoffe und zu warmes Wasser sind meist die Ursache dafür, daß das Gleichgewicht im Teich ins Wanken gerät. Dabei passiert folgendes: Bei Nährstoffüberschuß wachsen Algen übermäßig schnell, sterben ab, wenn die Nährstoffe verbraucht sind, und sinken auf den Boden ab. Dort werden sie durch Bakterien zersetzt, die in warmem Wasser reichlich vorhanden sind. Die Bakterien verbrauchen bei dem Zersetzungsprozeß den Sauerstoff, den Pflanzen und Tiere zum Leben benötigen. Sie beginnen zu kümmern bzw. sterben.
Um diesen Vorgang zu verhindern, sollte man Algen frühzeitig abfischen, Sumpfpflanzen wie die Teichsimse einsetzen, die viel Stickstoff verbrauchen, Fische sparsamer füttern sowie abgestorbene Pflanzenteile entfernen, bevor sie auf den Teichgrund sinken.
Da sich Bakterien in warmem Wasser gut entwickeln, bepflanzt man das Ufer mit hohen Stauden, so daß etwa ein Drittel des Teichs beschattet wird.
Ist es schon zur Algen- und Bakterienblüte gekommen, kann man algenvernichtende Präparate einsetzen. Gleichzeitig sollte der Sauerstoffgehalt erhöht und das Wasser gefiltert werden.

Unter Pumpen und Filtern die zu finden, die für den eigenen Teich richtig sind, macht oft Schwierigkeiten. Die technischen Angaben dazu helfen weiter.

Hohe Leistung bei geringem Verbrauch haben Pumpen mit einem nur in einer Richtung drehenden Laufrad (FIS-Prinzip).

Geringe Größe und 12-V-Spannung zeichnen Pumpen für Zimmerspringbrunnen aus, die nicht viel Leistung haben müssen.

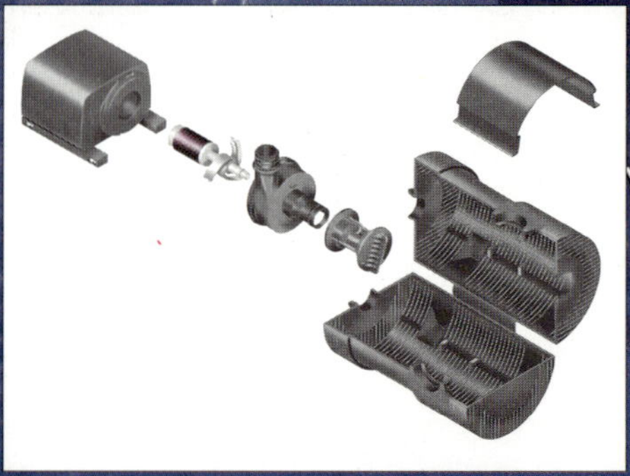

Pumpentechnik: Der Rotorraum der Pumpen ist wassergefüllt und nur zum elektrischen Teil abgedichtet. Dadurch sind sie sehr langlebig.

Technik für den Gartenteich:

Edelstahl und Kunststoff für den Körper, Oxydkeramik für Lager- und Rotorwelle: Die Materialien garantieren lange Lebensdauer.

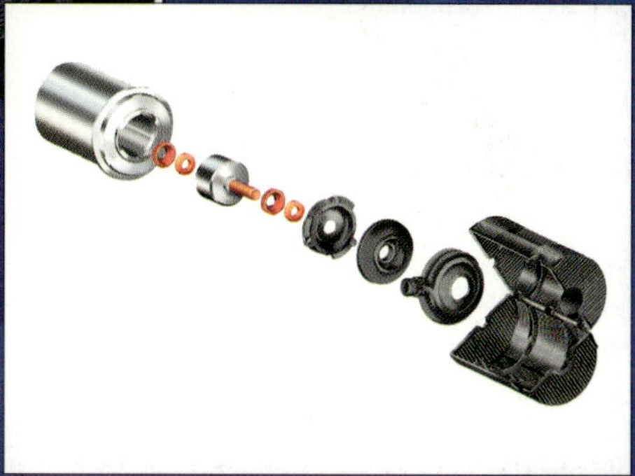

Die Asynchronmotoren haben einen Drehzahlsteller für regulierbare Leistung und sind extrem robust. Geeignet für größere Anlagen.

Pumpen und Filter

Sicher und robust: **Pumpen** sind langlebige,

Große Förderleistung *bei geringem Druck: Speziell für die Bewegung großer Wassermengen zu einem Filtersystem gibt es Pumpen mit Spezialaufrad.*

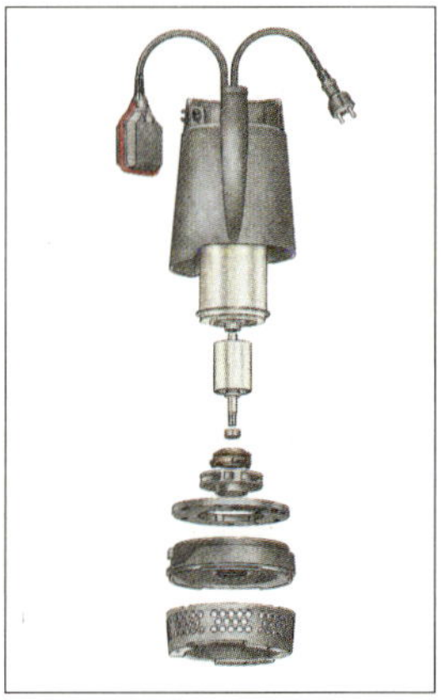

Tauchmotorpumpen *mit Schwimmschalter fördern normales und leicht verschmutztes Wasser automatisch aus Schächten, Gruben, Großbehältern oder überfluteten Kellerräumen.*

Fördermenge: die entscheidende Größe für die Wahl der Pumpe

Vor dem Kauf einer Pumpe muß klar sein, wofür sie eingesetzt werden soll. Auf den Packungen der Fontänenaufsätze ist angegeben, welche Höhe mit welcher Pumpe zu erreichen ist. Genannt wird immer die maximale Förderhöhe, viele Pumpen sind aber auch stufenlos regulierbar. Für Sprudelsteine, Wasserspeier und kleine Fontänen nimmt man Pumpen, die bis 25 l/min fördern, für größere Fontänen sind es ca. 40 l/min.

Bei Bachläufen ist erheblich mehr Wasser zu fördern, die Pumpen müssen 40 bis 100 l Wasser bewegen. Die Menge nimmt mit der Breite des Bachs zu. Für Wasserfälle rechnet man pro 20 cm Breite eine Pumpenleistung von 30 l/min.

Solarpumpen sind für kleine Springbrunnen und Sprudler geeignet.

Die meisten Pumpen können innerhalb oder außerhalb des Teiches aufgestellt werden. Stehen sie im Wasser, sollten sie einen Sockel haben, damit die untersten Wasserschichten nicht umgewälzt werden. Dadurch geriete das biologische Gleichgewicht im Teich in Gefahr.

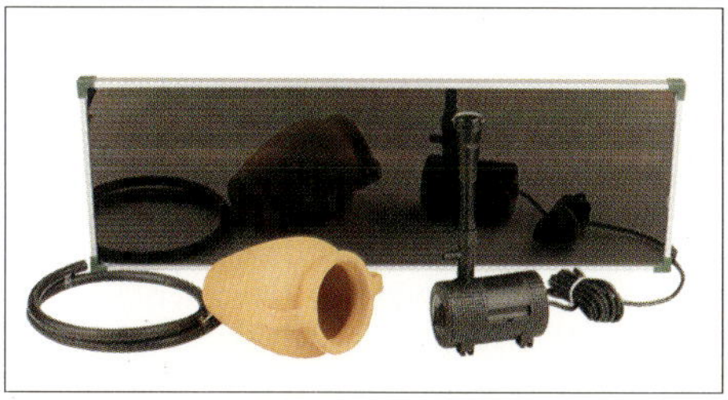

Aus einer Amphore *und gleichzeitig einer Fontäne sprudelt Wasser bei dem mit der Aquasolar-Pumpe 1500 bestückten Set. Die Pumpe fördert 25 l Wasser und schafft 3 m Höhe. Die Energie liefert ein 92,5 × 31,5 cm großes Solarmodul.*

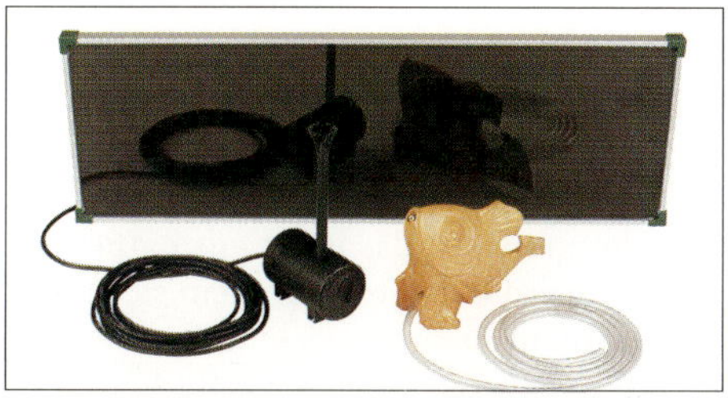

Ein Terrakotta-Fisch *läßt bei sonnigem Wetter Wasser in den Teich sprudeln. Zum Set gehört die Pumpe Aquasolar 700, die 12 l Wasser und eine Höhe von 2 m schafft. Das dazugehörige Solarmodul ist 92,5 × 31,5 cm groß.*

Trocken, außerhalb des Teiches stehende Pumpen können im Winter draußen bleiben. Die im Wasser stehenden nimmt man ins Haus, wenn sie nicht in frostfreier Tiefe (ca. 80 cm) installiert sind. Bei dieser Gelegenheit können Filter und Düsen gereinigt werden. Dann kommen die Geräte bis zum Frühjahr in einen Eimer mit kalkfreiem Wasser.
Der Dauerbetrieb ist für Teichpumpen in der Regel kein Problem. In Verbindung mit einem Filter sollten sie sogar ständig in Betrieb sein, da die Filterleistung sich verbessert, je mehr Mikroorganismen durchgeschleust werden. Bei allen anderen Pumpen ist es gleichgültig, ob sie gelegentlich oder dauernd laufen – sie verbrauchen in der Anlaufphase nicht mehr Strom als im Dauerbetrieb.
Wartung und Pflege sind kaum notwendig. Bei einigen Modellen zählt der Rotor zu den Verschleißteilen, die eventuell ausgetauscht werden müssen. Im übrigen wird der Saugfilter ab und zu kontrolliert und bei Bedarf mit einem im Handel erhältlichen Pumpenreiniger gesäubert.

Mit guten **Filtern** bleibt das Teichwasser klar

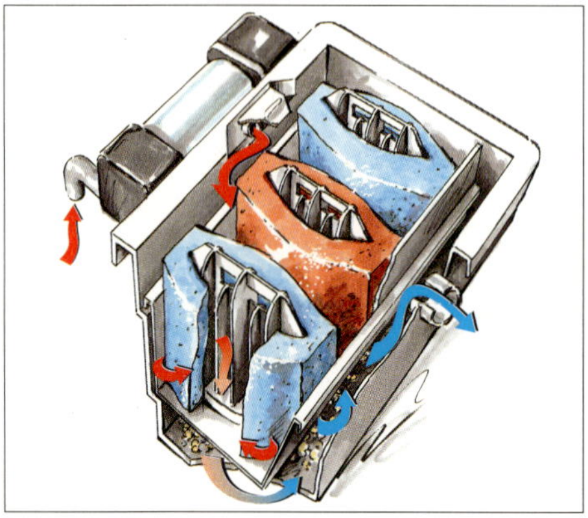

Biotec *ist ein Filtersystem, das reinigt und mit dem schädliches Ammoniak erst in Nitrit, dann in Nitrat umgewandelt wird.*

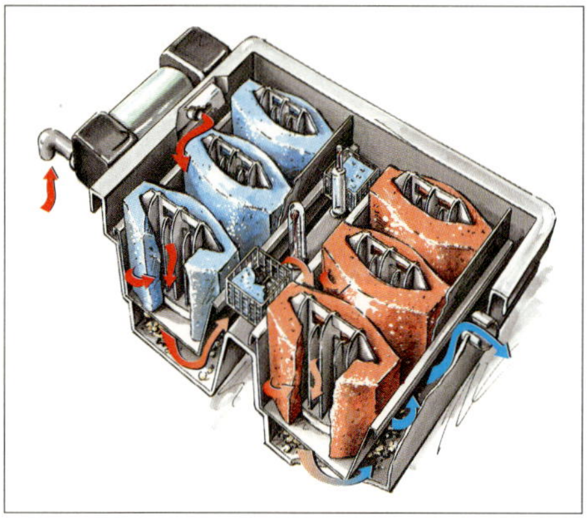

Die Modelle: *Biotec 5 (ganz oben) und Biotec 10. Sie arbeiten nach demselben Prinzip, Biotec 10 hat aber noch einige Funktionen mehr.*

Die Größe: *Reicht ein Biotec-Filter nicht aus, können mehrere in Reihe montiert werden, und die Wirkung vervielfältigt sich. (Oase)*

Reinigung mit technischer Hilfe

In einem gut mit Pflanzen, besonders Unterwasserpflanzen bewachsenen Teich reinigt sich das Wasser selbst. Anders ist es, wenn Fische im Teich leben, die sich unter guten Bedingungen stark vermehren oder gründeln und damit den Grund aufwirbeln. Auch in sonnig liegenden Teichen ohne schattenspendende Vegetation kann es vorkommen, daß die Pflanzen allein das Wasser nicht sauberhalten können.

Filter entfernen Schmutz und Schwebstoffe in zwei Stufen aus dem Wasser. Eine Grobfiltermatte dient der mechanischen Reinigung, dann läuft das Wasser durch ein Filtergranulat, das meist aus natürlichen Mineralien besteht, an dem sich Mikroorganismen ansiedeln. Sie vollziehen die biologische Reinigung. Grobfilter und Granulat müssen ausgetauscht werden, wenn deren Leistung nicht mehr ausreicht, d. h., wenn das Wasser trüb wird. Faustregeln für die Häufigkeit des Austauschs gibt es nicht.

Um das biologische Gleichgewicht im Teich nicht zu stören, setzt man Filter nicht tiefer als 50 cm unter der Wasseroberfläche. In dieser Höhe finden sich die meisten Schwebstoffe, die entfernt werden sollen.

Eine neue Variante sind Filterteiche, die neben dem eigentlichen Teich eingebaut und mit ihm durch Zu- und Ablaufleitunge verbunden sind. Sie bestehen aus einer Teichschale mit Einlegeboden und Sperrwand. Das Wasser fließt in das Sammelbecken am Boden des Filterteiches, wird dann nach oben durch den aus grobem und feinem Kies sowie Sand bestehenden Biofilter gedrückt und gelangt dann in den Teich zurück.

Aquapur 18 kann innerhalb und außerhalb des Teiches aufgestellt werden. Er enthält Grobfiltermatten und Filtergranulat aus natürlichen Mineralien.

Warum Teichfilter gegen Algen helfen

Weniger wäre mehr: Beim Teich gilt das besonders, denn das größte Problem ist der Nährstoffüberschuß, der durch falsche Bepflanzung, großen Fischbesatz sowie Eintrag von außen (belastetes Regenwasser) in den Teich gelangt. Die ungenutzten Nährstoffe führen zunächst zu kräftigem Algenwachstum und, nachdem die Nährstoffe verbraucht sind, zu ihrem Absterben. Sie werden dann von Bakterien zersetzt, die für diesen Prozeß viel Sauerstoff verbrauchen. Der daraus folgende Sauerstoffmangel läßt den Teich „kippen": Pflanzen und Tieren fehlt Luft. Mit der Reinigung durch den Filter werden dem Wasser die Stoffe entzogen, die sonst von Bakterien zersetzt werden müßten.

Aquapur 1000 und 1200 besteht aus unabhängig voneinander arbeitenden Modulen. Standard sind drei Teile, bei großen Teichen können aber bis zu 9 Module verbunden werden.

Reizvolle Spiele

Märchenhafte Effekte: Fontänen mit Strahlern lassen das Wasser wie Gold glänzen.

mit Wasser und Sonnenlicht

Fontänen wie in einem Park, niedrige Glocken oder schäumende Sprudler bringen das Wasser des Zierteiches zum Glitzern.

Ein wenig bescheidener als in den Parks großer Schlösser, aber ebenso vielgestaltig ist der Zuschnitt der Wasserspiele für den Hausgarten. Hier wie dort sind sie ein Genuß für Augen und Ohren, eine elegante Dekoration für den Zierteich neben der Terrasse oder dem Gartensitzplatz.
Der praktische Nutzen des plätschernden Wassers besteht darin, Sauerstoff in den Teich einzubringen. Das ist für Pflanzen und Fische sehr sinnvoll.
Besonders im Sommer, wenn das Wasser sich an sonnigen Tagen zu sehr erwärmt, das Algenwachstum zunimmt und der Sauerstoff knapp wird, können Fontänen in Verbindung mit Pumpe und Filter einen wichtigen Beitrag zur Erhaltung des biologischen Gleichgewichts leisten. Mit solarbetriebenen Pumpen funktioniert das fast automatisch, denn sie schalten sich selbst ein, wenn die Sonne scheint und dementsprechend die Sauerstoffversorgung gefährdet sein könnte. Aber auch gelegentliches Einschalten von Fontäne oder Schaumsprudler nützt etwas.
Am besten kommen Wasserspiele natürlich in wenig bepflanzten Zierteichen und vor dem ruhigem Hintergrund einer dichten Hecke zur Geltung, weil dann die Wasserstrahlen einzeln am besten zu erkennen sind. Um Abwechslung zu schaffen, können die unterschiedlichen Düsen leicht ausgetauscht werden. Sie werden einfach auf den Pumpenstutzen aufgesetzt. Welche Düsen für die vorhandene Pumpe in Frage kommen, ist auf der Verkaufsverpackung abzulesen.

Kelch: *Die Fontäne sorgt für heftige Bewegung im Wasser. Bei Pumpen mit Fernbedienung läßt sie sich stufenlos herunterregeln.*

Schaumsprudler *bringen viel Sauerstoff ins Wasser, wirbeln es aber kaum auf und können deshalb auch neben Seerosen installiert sein.*

Pirouette: *eine sehr filigran wirkende siebenstrahlige Fontäne mit Mitteldüse, die sich langsam dreht. Sie ist mit Wurfdurchmessern zwischen 75 und 300 cm zu haben.*

Kelch *gehört mit drei weiteren Aufsätzen zu einem Düsenset für Aquariumpumpen. Die Fontäne hat einen Durchmesser zwischen 15 und 25 cm.*

Rotation: *Die zweistufige Fontäne mit 40 kräftigen Strahlen dreht sich langsam. Es gibt Düsen für Wurfweiten zwischen 50 und 400 cm.*

Geiser 20 T: *eine Fontäne, bei der das Wasser so aufgeschäumt wird, daß es ganz weiß aussieht. Höhen zwischen 150 und 320 cm.*

Die richtige Größe wählen

Alle Fontänenaufsätze können mit unterschiedlich leistungsstarken Pumpen kombiniert werden. Wie hoch das Wasser aufsteigt und in welchem Kreis es niederfällt, hängt von der Pumpe ab. In den Katalogen der Hersteller werden in der Regel zu jedem Aufsatz die passenden Pumpen und die damit erreichbaren Höhen und Durchmesser angegeben. Ein guter Orientierungswert ist die Wurfhöhe: Sie sollte den Becken- oder Teichdurchmesser nicht übersteigen. Ist der Teich rundherum dicht bepflanzt, sollte man als Teichdurchmesser die reine Wasserfläche annehmen. Die meisten Pflanzen vertragen die Dauerberegnung aus dem Springbrunnen und die Wasserbewegung nämlich nicht gut.

Die Wahl der passenden Fontänen hängt unter anderem vom Stil der

Komet ist eine weitere Fontäne aus dem Set. Sie erreicht Höhen zwischen 32 und 140 cm. Nicht gezeigt: Wasserglocke und Stufenfontäne.

Lava 20-5 K: eine niedrige Wasserglocke für kleine Becken. Der Durchmesser der Glocke ist zwischen 40 und 65 cm stufenlos regulierbar.

Vulkan 25-2 K: Die dreistufige 25-strahlige Fontäne ist stufenlos regulierbar. Sie erreicht Durchmesser zwischen 75 und 150 cm.

Vulkan 43-3 T: eine vierstufige Fontäne mit 43 Strahlen, die je nach Pumpe Durchmesser zwischen 110 und 380 cm und Höhen bis 450 cm erreicht. Sie ist stufenlos regulierbar.

Teichanlage ab: Formal angelegte, reine Zierteiche bieten den richtigen Rahmen für filigrane, kunstvolle Wasserspiele, große Teiche mit farbenprächtiger Uferbepflanzung vertragen strahlenreiche, kaskadenartige Fontänen, während naturnahe Anlagen gut mit Schaumsprudlern oder Sprudelsteinen ausgestattet werden können. In jedem Fall sollten die Fontänen weit genug von der Bepflanzung entfernt installiert werden.
Die Düsen der Fontänenaufsätze sind weitgehend wartungsfrei. Nur wenn am veränderten Wasserbild zu erkennen ist, daß sich Schmutzpartikel darin festgesetzt haben, nimmt man sie heraus, spült sie mit klarem Wasser gründlich durch und reinigt den Sprühkopf mit Zahnstochern oder einer harten Abwaschbürste.

Mit oder ohne Gartenteich:

Mittelpunkt im naturnah bepflanzten Teich: ein Feldstein mit schöner, rauher Oberfläche.

Einem Mühlstein *nachgebildet ist der kreisrunde, durchbohrte Block. Die Pumpe ist mit einer Schaumsprudlerdüse kombiniert.*

Lava- oder Tuffgestein *hat eine sehr poröse, scharfkantige Oberfläche, über die das Wasser mehr spritzt als rinnt.*

reizvolle, kleine Wasserspiele

Sprudelsteine und Wasserspeier sind ein Vergnügen für alle, die den Anblick und das Geräusch von bewegtem Wasser lieben.

Alte Mühlsteine, durchbohrte Findlinge, Kunst- oder Feldsteine in allen möglichen Größen und Formen sind perfekte Sprudelsteine. Sie müssen nur mit einem Wasserreservoir und einer Pumpe kombiniert werden und eine Bohrung für den Schlauch bekommen oder so arrangiert werden, daß der Schlauch unsichtbar bleibt. Im Gartenteich setzt man die schweren Steine auf einen Unterbau aus Klinkern oder Betonsteinen. Stehen sie außerhalb, gräbt man ein Becken als Reservoir in den Boden ein und deckt sie mit einer Stahlmatte oder durchbrochenen Abdeckplatte ab. Die Pumpe steht unten im Becken, die Abdeckung ist unter groben Kieseln oder Steinen nicht zu sehen.

***Basaltsäulen,** die grob behauen und durchbohrt sind, wirken zusammen mit weißen Kieseln noch imposanter als auf dunklem Boden.*

***Glatte Feldsteine** verdecken die Pumpe und den Schaumsprudler. Wassernaß wirken ihre Farben und Äderungen sehr schön.*

***Granitsteine** bilden diese Gruppe von Sprudelsteinen. Ähnliche Form und Farbe schaffen eine enge Verbindung zwischen ihnen.*

__Aus frostfester Keramik__ sind Schildkröte (H: 38 cm), Igel (H: 33 cm), Seepferdchen (H: 45 cm), Mädchen (H: 57 cm) und Knabe (H: 81 cm). Die Wasserspeier bringen Bewegung in den Gartenteich und können auch im Winter als Blickfang draußen bleiben.

Farbige Figuren am Zierteich

Zum Ausflug in eine Märchenwelt wird der Gang an den Gartenteich, wenn dort Keramikfrosch, Gänseliesel oder Seepferdchen warten. Versteckt zwischen Pflanzen, mitten im Wasser oder auf Steinen am Rand passen sie gut zum Zierteich.
Wasserspeierfiguren gibt es in allen Größen und Preislagen, von rund 20 bis 150 cm Höhe, von unter 50 bis weit über 1000 DM. Am teuersten, aber auch am langlebigsten sind Bronzefiguren. Sie können das ganze Jahr über draußen bleiben und sind im kahlen, winterlichen Garten ein attraktiver Blickfang.
Keramikfiguren, glasiert oder unglasiert, sind sehr robust und stabil, aber nicht immer frostfest. Die Hersteller geben an, ob die Figuren im Winter ins Haus geholt werden sollten.
Kunststoffiguren sind am preiswertesten, aber auch am wenigsten haltbar. Damit das Material lange schön bleibt, sollte man die Figuren im Winter ins Haus holen und gelegentlich mit Kunststoffpflegemittel abreiben.

***Das Mädchen mit Frosch** paßt gut zu dem großen Frosch, der auf einem Seerosenblatt zu sitzen scheint. Dieser Effekt ist zu erreichen, wenn ein Stativ als Sitzplatz neben eine Seerose auf den Teichboden gestellt wird.*

***Bruchsicherer Kunststoff** ist das Material, aus dem Gänseliesel (H: 51 cm), Pinguine (H: 44 cm), Frosch (H: 19, 20 und 29 cm) und Ente (H: 30 cm) gearbeitet sind. Die Figuren sind wetterfest und sorgfältig handbemalt. Sie sind mit allen kleineren Pumpen zu betreiben.*

Gartenteich und Wasserfall:

Der Zierteich in einer ruhigen Gartenecke wird schon nach wenigen Jahren zum Biotop, das einer Fülle von Pflanzen und Tieren sehr gute Lebensbedingungen bietet. Um ein Becken dieser Größe und Form anzulegen, ist Folie das ideale Material.

Perfekt mit Folie

Im dicht bepflanzten Teich finden sich nach kurzer Zeit Tiere ein, und Kinder haben ständig etwas Neues zu entdecken.

***Die Teichmulde** wird von außen nach innen ausgehoben. Der Aushub kann am Rand zu einem Wall aufgeschüttet oder gleichmäßig unter Büschen und Bäumen verteilt werden.*

***Eine Winkellehre** aus Restholz hilft, die Böschungsneigung zu kontrollieren. Das Gefälle sollte nicht mehr als 30 ° betragen, damit die Erde nicht abrutscht.*

Das richtige Material wählen

Die Stärke der Teichfolie ist eines der wichtigsten Kriterien beim Materialkauf. Angeboten werden Bahnen mit Dicken zwischen 0,5 und 2,9 mm, unterschiedlich im Preis, aber auch in der Belastbarkeit. Für einen Teich mit ca. 10 qm Wasserfläche kommt nur Folie mit mindestens 1 mm Stärke in Frage, die so haltbar sind, daß spätere Reparaturen nur in Ausnahmefällen notwendig werden.

Alle Qualitätsfolien sind UV-stabilisiert, werden also auch auf lange Sicht durch Sonneneinstrahlung nicht angegriffen. Gewählt werden kann zwischen Polyethylen- und PVC-Folien. Sie sind in der Haltbarkeit ebenbürtig, Polyethylenfolien können aber problemlos wiederverwertet werden. Einige Hersteller geben auch eine Rückgabegarantie.

Die meisten Folien sind nach wie vor schwarz. Daneben gibt es erdbraunes, dunkelgrünes oder besandetes Material. Wichtig für den optischen Eindruck ist nur, daß die Folie nicht als solche zu erkennen ist.

Einer der großen Vorzüge des Teichbaus mit Folie liegt in den vielen Möglichkeiten, Form und Tiefe der Beckens nach eigenen Wünschen zu variieren. Folienstücke zu verschweißen ist kein Problem. Um die Größe zu berechnen, gibt es eine Faustregel: Man mißt Länge und Breite der Teichmulde mit Bandmaß oder Schnur und rechnet 50 cm hinzu.

Gute Folie ist zwar sehr stabil, doch Steine oder Wurzelstücke verursachen kleine Löcher und müssen deshalb sorgfältig entfernt werden. Ist das nicht möglich, kleidet man die Mulde mit einer Schicht feinem Sand aus oder legt polsterndes Geovlies ein.

Die Pumpe braucht einen ebenen Standplatz. Schon beim Ausheben der Grube wird dafür eine Stufe eingeplant und mit einer eingelegten Gehwegplatte stabilisiert.

Gehwegplatten dienen auch als Fundament für die Wassertreppe aus schweren Schalensteinen. Der Boden darunter muß verdichtet werden, damit die Steine nicht sacken.

Ein gepflasterter Weg faßt den Teich an der Gartenseite ein, damit zumindest ein Ufer gut zugänglich ist. Die Betonsteine liegen auf einer 20 cm dicken Kiesschicht.

Rasensoden, die beim Ausheben der Grube abgestochen wurden, werden am Teich- und Wegrand wiederverwendet. Wenn man sie ein paar Tage gut gießt, wurzeln sie schnell.

Quellschweißmittel *wird mit einem breiten Pinsel gleichmäßig und zügig auf die beiden überlappenden Streifen der Folienbahnen aufgetragen.*

Rechnen, schneiden, kleben

Folie vom Meter gibt es in 2 bis 8 m Breite. Reicht das nicht, werden mehrere Bahnen mit Quellschweißmittel oder Heißluftgerät verschweißt. Sie müssen 4 bis 6 cm überlappen, deshalb rechnet man zur errechneten Foliengröße 10 bis 20 % hinzu, je nachdem, wie viele Bahnen gebraucht werden. Am besten geht das Verschweißen auf der ebenen Rasenfläche neben dem Teich oder direkt in der Grube. Das Quellschweißmittel wird auf beide Folienstücke aufgetragen, mit einer Rolle angedrückt und beschwert. Die Kanten versiegelt man zusätzlich mit Flüssigfolie. Beim Arbeiten mit Heißluftgerät legt man Bretter unter die Naht, damit der Anpreßdruck größer ist.

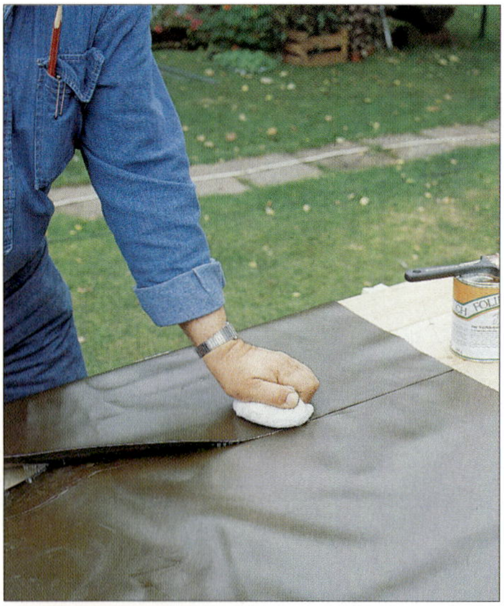

Mit Ballentuch *oder Andruckrolle preßt man die Bahnen möglichst schnell nach dem Auftragen des Schweißmittels fest aufeinander und versiegelt die Kanten mit Flüssigfolie.*

Bretter *schützen den modellierten Teichrand, wenn die verschweißte Folie in die Grube gezogen wird. Sinnvoll ist das bei über 8 × 8 m großen Stücken, die sehr schwer sind.*

Vom Teichmittelpunkt aus wird die Folie zu den Seiten hin vorsichtig auseinandergezogen. Je mehr Helfer dabei mitarbeiten, desto leichter geht es.

Falten in der Folie sind bei runden Becken unvermeidlich. Sie sind später jedoch kaum zu sehen und stören nicht. Mit der Hand glättet man nur die scharfen Kanten.

Schläuche und Kabel lassen sich gut in den weichen Falten verstecken. Hier werden sie von der Pumpe zur Gartensteckdose bzw. dem oberen Ende des Wasserfalls geführt.

Die Pflanzen können probeweise an ihrem Platz mit der richtigen Wassertiefe aufgestellt werden. Die, die noch viel wachsen, stehen zunächst auf einem umgekehrten Pflanzkorb.

Überstehende **Folienränder** verschwinden

Die Sumpfzone *ist als Rinne rund um das Ufer ausgebildet. Wenn Wasser eingelassen ist, das die Folie mit seinem Gewicht in die endgültige Lage rückt, wird sie mit Erde gefüllt.*

Grassoden, *die beim Teichaushub übrigblieben, beschweren die Folienränder entlang der Sumpfzone. Sie sollten eine etwa 5 cm dicke Wurzelschicht haben.*

Ufer mit Pflanzen und Steinen

Der Teichrand verdient viel Aufmerksamkeit beim Teichbau. Zum einen, weil die Folienränder sorgfältig versteckt sein sollten, zum anderen, weil mit einer gut ausgebildeten Kante garantiert wird, daß das Wasser im Teich bleibt, auch wenn der Wasserstand nach starkem Regen mal ansteigt. Am einfachsten läßt sich der Uferstreifen mit einer Rinne ausbilden, die nach außen durch einen höheren, nach innen durch einen niedrigeren Erdwall eingefaßt ist. Die Folie muß locker mindestens 10 cm über den äußeren Rand hinausreichen. Ehe sie rundherum gleichmäßig abgeschnitten wird, sollte der Teich zu einem Drittel mit Wasser gefüllt sein. Durch den Druck, der damit entsteht, rutscht die Folie noch einige Zentimeter nach innen. Der dann noch überstehende Folienstreifen wird nach unten geschlagen und senkrecht in die Erde gesteckt. Der angrenzende Rasen und die aufgelegten Soden überwachsen und verdecken die Kante in kurzer Zeit.

Die Sumpfzone, die im Zusammenhang mit der Ufergestaltung angelegt wird, sollte nach Möglichkeit ein knappes Drittel der Teichoberfläche einnehmen. Zum einem, weil es besonders viele prächtige Sumpfpflanzen gibt, die Platz brauchen, zum anderen, weil der dichte Bewuchs für ein intaktes biologisches Gleichgewicht im Teich sorgt.

Um zu verhindern, daß nährstoffreiche Erde aus dieser Zone in die tieferen Bereiche abrutscht oder die Pflanzen sich allzu stark ausbreiten, grenzt man den Sumpfbereich mit einem kleinen Erdwall (unter der Folie) oder großen Steinen (auf der Folie) ein. Die Abgrenzung reicht bis kurz unter die Wasseroberfläche.

Folienränder *werden jetzt bis auf einen 10 cm breiten Streifen mit einem scharfen Messer abgeschnitten. Diesen Streifen legt man nach unten um und steckt ihn in die Erde.*

Tiefwasserpflanzen *wie Seerosen werden eingesetzt, während das Wasser einläuft. Beim Kauf gibt man an, wie tief sie stehen werden, damit die Pflanzen die richtige Größe haben.*

Wasserfallschalen *gibt es aus Wesersandstein (wie hier), aber auch aus besandetem Kunststoff. Je nach Stabilität des Untergrundes wird schweres oder leichtes Material gewählt.*

Die Position der Schalensteine *muß ausprobiert werden. Das Wasser soll in den Schalen stehen und langsam in die jeweils nächste überlaufen, bis es im Teich angelangt ist.*

Ein Sprudelstein am oberen Ende des Wasserfalls stellt die Quelle dar. Das Wasser wird durch einen verdeckt neben den Steinen verlegten Schlauch vom Teich nach oben geführt.

Feldsteine führen vom Wasserfallhügel weiter an der Grenze der Sumpfzone entlang. Die Folie ist erst dann nicht mehr zu sehen, wenn der Teich vollständig mit Wasser gefüllt ist.

Möglichst wie in der Natur

Der Wasserfall am Gartenteich ist in erster Linie Dekoration. Er hat daneben aber die praktische Funktion, das Wasser ständig in Bewegung zu halten und es dabei mit Sauerstoff anzureichern. Dieser Sauerstoff ist für die Pflanzen und Tiere im Teich lebensnotwendig und wird normalerweise in nicht immer ausreichender Menge von Unterwasserpflanzen produziert.
Natürlich wird man dem Wasserfall am Zierteich immer ansehen, daß er künstlich angelegt ist. Durch Material und die Art der Anlage kann man ihn aber sehr gut an die Umgebung anpassen. Sanftes Gefälle, unterschiedlich große Natursteine und dichter Bewuchs rundherum lassen ihn fast natürlich erscheinen.
Die Anlage gelingt am leichtesten mit vorgeformten Wasserfallschalen, die auf festem Untergrund übereinandergesetzt werden. Ein kleiner Hügel, der aus dem Teichaushub aufgeschüttet wird, stellt den Unterbau dar. Bei schweren Elementen wie den Sandsteinschalen müssen Gehwegplatten und Feldsteine als Stützen eingesetzt werden, besandete Kunststoffelemente liegen auch auf dem Erdhügel stabil.
Am oberen Ende des Wasserfalls wird die „Quelle“ installiert, die aus einem Sprudelstein oder einem zwischen Steinen hervorkommenden Wasserschlauch bestehen kann. Der massive Sprudelstein paßt gut zu dem Hügel aus Feldsteinen, wie er hier zu sehen ist, an der Spitze von leichter gebauten Anlagen würde er zu schwer wirken.
Im Gegensatz zu Fontänen hat der Wasserfall den Vorzug, das Wasser nur in einer Ecke des Teiches aufzuwirbeln. Das bekommt Tiefwasserpflanzen wie z. B. Seerosen sehr gut.

und fertigen Elementen aufgebaut.

Nach einigen Tagen hat sich das frisch eingefüllte Wasser im Teich beruhigt und ist klar geworden.

Kristallklares Wasser im

Bis auf den Grund ist das Wasser im Zierteich klar. Die Kiesel schimmern bei jedem Licht anders.

Teich mit weißen Kieseln

Anstelle von Sand oder Erde bedecken bei diesem Teich Kiesel die Folie. Dazwischen wachsen Sumpf- und Wasserpflanzen.

Je flacher ein Teich ist, desto schwieriger ist es, das Wasser klar zu halten. Denn es erwärmt sich schnell, und mit den Nährstoffen, die in der Erde enthalten sind, entwickeln sich in kurzer Zeit Algen, das Wasser wird trübe. Um das zu vermeiden, wurde bei diesem Teich ganz auf Erde verzichtet und die Folie statt dessen mit weißen Kieseln bedeckt, die es im Baumarkt zu kaufen gibt. Die Körbe, in denen die Pflanzen wachsen, sind mit Jutegewebe ausgelegt, und die Ballen wurden mit Kieseln abgedeckt. So kann die Erde nicht herausgeschwemmt werden.

Der Umriß des Teiches ist mit Pflöcken abgesteckt. Die Grube wird von der Mitte her ausgehoben, die Grassoden werden bei der Ufergestaltung wieder verwendet.

Mit einer Latte, die von Ufer zu Ufer gelegt wird, kann man kontrollieren, ob das Niveau überall gleich ist. Auch die Tiefe läßt sich mit diesem Hilfsmittel gut messen.

Folie nach Maß spart viel Arbeit

Wenn nicht viel Zeit für den Teichbau zur Verfügung steht, kann die Folie fertig verschweißt nach den angegebenen Maßen bestellt werden. Das kostet zwar etwas mehr, spart aber viel Arbeit und garantiert eine perfekte Abdichtung. Gerade für nicht so routinierte Teichbauer ist das eine große Hilfe. Die Folie wird zu einem Paket zusammengelegt geliefert und muß an Ort und Stelle nur noch ausgebreitet werden. Dabei arbeitet man von der Mitte nach außen, wobei es darauf ankommt, das Material nicht zu ziehen. Die Teichfolie liegt durch ihr Gewicht schon gut, wird aber durch den Druck des Wassers noch nach unten gedrückt und muß sehr locker liegen, damit sie nicht gespannt wird.

Fertig verschweißte Folie wird von beiden Seiten zusammengefaltet in die Mitte des Teiches gelegt und von da aus ausgebreitet. Zwei Helfer ziehen sie glatt auseinander.

Auf den Stufen der Böschung wird die Folie mit der Hand glattgezogen. Sie muß ganz locker liegen, damit sie nicht unter Spannung gerät, wenn Wasser eingelassen ist.

Nachmittag fertig ausheben.

Vorher wird der Untergrund mit der Harke fein geglättet und von Steinen und Wurzelresten befreit. Sie würden sich durchdrücken und die Folie beschädigen. An Stellen, die stärker belastet werden, z. B. dort, wo Pumpe oder Sprudelstein stehen, kann man Steinplatten einlegen und sorgfältig in verdichtete Erde einbetten. Auch hier ist darauf zu achten, daß keine scharfen Kanten bleiben. Wenn große Bäume in der Nähe stehen, deren Wurzeln nicht beschädigt werden dürfen, legt man in diesem Bereich zusätzlich ein Geovlies auf, das wie ein Polster wirkt und die Folie schützt. Geovlies oder eine zweite Lage Folie kann auch unter den Sprudelstein gelegt werden.

Größere Steine, *besonders die an steilen Böschungen liegenden, fixiert man mit Kieselkleber auf der Folie. Sie halten wie eine Barriere die lose eingelegten Kiesel.*

Ein Sprudelstein *liegt ganz am Rand des Beckens. Damit er nicht rutscht, stabilisiert man ihn mit untergeschobenen Steinen. Darunter ist Platz für den Wasserschlauch.*

Die Pumpe *wird an ihren Platz gesetzt, sobald die Folie liegt. Damit sie stabil steht, wurde unter die Folie ein Stein (Gehwegplatte) auf den Boden gelegt.*

Vom Rand ausgehend legt man die Steine aus. Sie werden so dicht plaziert wie möglich, breitere Fugen können anschließend mit kleinen Kieseln ausgestreut werden.

Zu zweit die Steine setzen

Das Auslegen der Steine geht relativ schnell, wenn eine etwa quadratmetergroße Fläche mit Kleber bestrichen wird und einer die Steine anreicht und ein zweiter sie am passenden Platz andrückt. Wie ein Puzzle sollten sie so liegen, daß nur schmale Fugen bleiben. Am natürlichsten sieht die Fläche aus, wenn alle Größen willkürlich verteilt werden. Die weißen Kiesel gibt es in Säcken zu kaufen. Vor dem Verarbeiten breitet man sie auf dem Rasen aus und spritzt sie mit einem harten Wasserstrahl ab, bis alle Reste von Steinstaub abgespült sind. Der Staub setzt sich zwar ab, wird aber bei größeren Wasserbewegungen leicht aufgewirbelt und macht das Wasser milchig.

Weniger Steine werden gebraucht, wenn die Fläche mit grobem Sand dünn abgestreut wird. Wo Steine liegen, schiebt man den Sand zur Seite, damit er nicht auf die Folie drückt.

Der Folienrand wird etwa 10 cm von den Steinen entfernt mit einem scharfen Messer abgeschnitten, nach unten umgelegt und in die Erde gesteckt.

daß der Boden natürlich wirkt.

Der Pflanzkorb *kommt so tief zwischen die Steine, daß er nicht mehr zu sehen ist. Er wird mit Kieseln abgedeckt, damit die Erde darin nicht herausgeschwemmt werden kann.*

Mit Fugenmörtel *befestigt man die Steine unter dem Sprudelstein, denn hier herrscht immer Wasserbewegung, und sie können leicht weggespült werden.*

In allen Größen gibt es Steine zu kaufen. Der größte wird als Sprudelstein genutzt und mit einem Loch im Schlauchdurchmesser versehen.

Notwendiges und Nützliches

Mit Spezialtorf läßt sich Wasser enthärten, Algenwuchs hemmen und der pH-Wert senken. Unten: Das Laubschutznetz wird mit Kunststoffnägeln festgesteckt.

für Teichbau und Teichpflege

Von der Folie bis zum Pflanzkorb: ein Überblick über Materialien und Produkte, die für den Bau des Teiches praktisch sind

Zum Bau eines Gartenteichs gehört erheblich mehr als nur ein Stück Folie oder ein Fertigbecken. Bei steinigem oder durchwurzeltem Boden wird ein zusätzliches Schutzvlies gebraucht, bei steilen Ufern ermöglichen Böschungsmatten erst die Randbepflanzung, Schläuche verbinden Pumpen, Filter oder Wasserspiele, ein Laubschutznetz verhindert im Herbst, daß Blätter ins Wasser fallen.

Nicht alles, was an Zubehör für Gartenteiche angeboten wird, ist wirklich nötig. Wenn sich aber nach einigen Jahren zeigt, daß Sauerstoffmangel ein Dauerproblem im Teich ist, wird die Anschaffung von Pumpe und irgendeiner Art von Wasserspiel fast zur Notwendigkeit. Liegt der Teich nicht in der Nähe von Bäumen, braucht man oft nicht einmal einen Käscher. Fällt aber viel Laub, führt kein Weg am Schutznetz vorbei.

***Spiralschläuche** eignen sich als Ansaugleitungen, weil sie sich auch bei Unterdruck nicht verformen können.*

***Teichfolie** gibt es in Stärken zwischen 0,5 und 1 mm in mehreren Farben und mit unterschiedlicher Struktur, meist aus PVC oder PE.*

***Gewebeschlauch** ist dickwandig genug, um als Zu- bzw. Ablaufleitung verlegt zu werden. Er ist mit $^1/_2$, $^3/_4$ und 1 ″ ∅ zu haben.*

***Schutzvlies** wird unter der Folie verlegt. Es schützt sie gegen Beschädigungen durch Wurzeln oder Steine.*

Mit einem Käscher lassen sich nicht nur Fische, sondern auch Blätter aus dem Teich nehmen.

Gitterkörbe für Pflanzen gibt es in sehr vielen Größen. Damit die Erde um den Wurzelballen nicht ausgeschwemmt wird, legt man sie mit Jutegewebe aus.

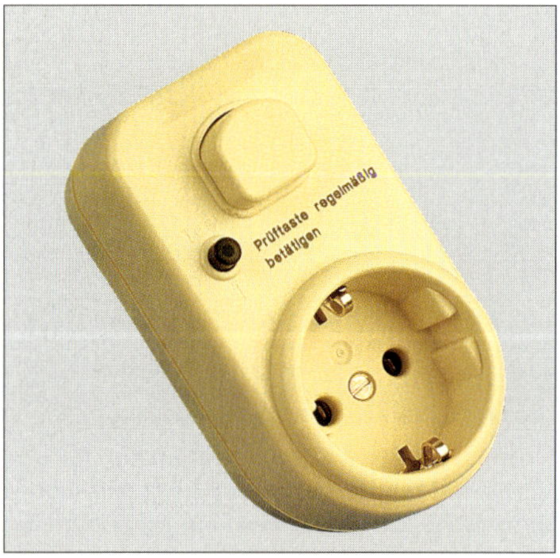

Ein Personenschutzschalter unterbricht den Strom, wenn etwas an dem angeschlossenen Gerät defekt ist.

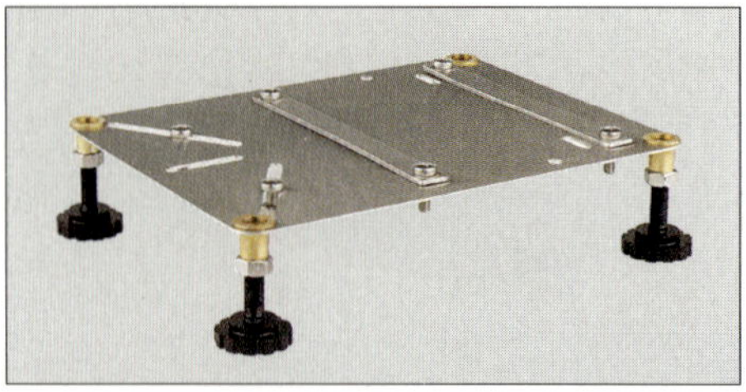

Montageböden mit breiten, höhenverstellbaren Kunststoffüßen gleichen Bodenunebenheiten aus und beschädigen die Folie nicht.

Einfache Problemlöser

Sicherheit ist am Gartenteich ein enorm wichtiges Thema, denn jedes Wasserbecken, ob klein oder groß, fasziniert Kinder und verlockt sie zu manchmal waghalsigen Abenteuern. Wenn dabei ungesicherte elektrische Anschlüsse erreichbar sind, kann es zu schlimmen Unfällen kommen. Besonders dort, wo kleine Kinder oft im Garten spielen, ist deshalb ein Personenschutzschalter sinnvoll. Er wird als Zwischenstück zwischen Außensteckdose und Gerät gesetzt.
Gefährlich kann es am Gartenteich auch dann werden, wenn kein Strom im Spiel ist: Ins Wasser zu fallen kann für kleine Kinder selbst bei flachen Teichen verhängnisvolle Folgen haben. Als Schutz ist ein stabiles Netz oder eine Gittermatte sinnvoll, die fast unsichtbar direkt unter der Wasseroberfläche auf Steinen oder Stützen angebracht werden kann. Sie bleibt eingebaut, bis die Kinder groß genug sind, um beim Spiel am Wasser auf sich selbst aufzupassen.
Gut für Pumpen, Filter oder Scheinwerfer, die leicht erhöht stehen sollen, sind Montageböden. Sie sind in verschiedenen

Böschungsmatten *bestehen aus grobem Sisal-Jute-Gewebe, in dem sich Erde und Pflanzenwurzeln halten können.*

Größen zu haben. Die Böden haben höhenverstellbare Füße, um Bodenunebenheiten auszugleichen. Scheinwerfer können darauf fest montiert werden.

Mit Böschungsmatten läßt sich zweierlei erreichen: Zum einen verdecken sie die Folienränder, zum anderen ermöglichen sie die Bepflanzung steiler Ufer, weil sich die Pflanzen mit ihren Wurzeln in dem groben Gewebe halten können. Oft haben die Matten auch Taschen, in die Pflanzen eingesetzt werden.

Feineres Jutegewebe wird zum Auskleiden der Gitterkörbe verwendet, in denen Pflanzen in den Teich eingesetzt werden. Die Jute hält die Erde im Topf. In Gitterkörben eingesetzte Pflanzen sind eine gute Möglichkeit, wenn der Teich ohne Erde oder nur mit einer dünnen Substratschicht gefüllt ist, wenn die Pflanzen vor dem Winter ins Haus geholt werden müssen oder wenn sie zum Wuchern neigen.

Eine technische Neuheit, die ausschließlich der Bequemlichkeit dient, ist die Fernbedienung für verschiedene Pumpenmodelle, mit der Wasserspiele vom Liegestuhl aus geregelt werden können.

Eine Fernbedienung *für den Springbrunnen erspart den Weg zum Regler. Über Infrarot lassen sich damit Pumpen stufenlos verstellen.*

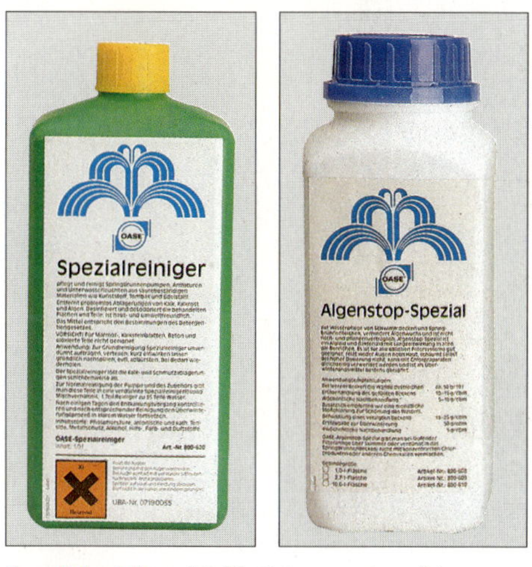

Spezialreiniger *ist für Pumpen, Leuchten usw. gedacht. Wasserpflegeprodukte wie „Algenstop" sind oft für Fische oder Pflanzen giftig.*

Fertigbecken: der

Sumpfpflanzen und Gräser umgeben die Wasserfläche des kleinen Teiches. In der tiefen Zone ist sogar für eine Seerose Platz.

schnellste Weg zum Teich

Komplett einbaufertig sind Teichschalen aus Kunststoff, die es in vielen Größen gibt. Sie sind ideal für kleine Anlagen.

Auf kleinem Raum eine Sumpfzone sowie Flach- und Tiefwasserbereiche anzulegen ist relativ schwierig. Denn je steiler die Böschungen sind und je dichter die Stufen beieinanderliegen, desto leichter kommt die Erde ins Rutschen. Hier sind die ausgeformten, fertigen Teichschalen ideal, die es in vielen Formen und noch mehr Größen, auch zum Zusammensetzen, gibt. Der Einbau gelingt selbst Anfängern mühelos, und wenn der Teich erst bepflanzt ist, sieht man nach kurzer Zeit nichts mehr von dem Kunststoffbecken.

Die Umrisse des Beckens werden mit dem Spaten im Boden nachgezeichnet. Dann kann das Becken zur Seite gestellt und mit dem Ausschachten begonnen werden.

Die Terrassen des Beckens sind zu erkennen. Sie müssen aber nicht sorgfältig modelliert werden. Als Schutz für die Ufer wurden breite Bohlen ausgelegt.

Mit Hilfe der Bohle läßt sich die Tiefe der Grube messen und das Niveau der Teichränder überprüfen. Sie wird an mehreren Stellen kreuz und quer aufgelegt.

Teichränder auf gleichem Niveau

Bei einem Fertigbecken ist es noch wichtiger als beim Folienteich, daß die Ränder rundherum das gleiche Niveau haben, denn die starre Kunststoffschale würde, schief eingebaut, ein Stück aus der Erde ragen und ließe sich nur schwer zwischen Pflanzen verstecken. Deshalb sind Wasserwaage und eine lange, gerade Bohle neben Spaten und Schaufel die wichtigsten Hilfsmittel beim Einbau. Sie werden bei den Erdarbeiten, beim Einsetzen des Beckens und zum Schluß bei Korrekturen am halbgefüllten Becken gebraucht.
Das Ausschachten der Teichgrube geht in zwei Schritten vor sich: Zunächst werden die Umrisse der Grube mit einem Spaten auf dem Boden markiert und die obersten 30 cm (Mutterbodenschicht) abgehoben. Diese Erde kann später für die Randgestaltung verwendet oder gleichmäßig auf Blumen- und Gemüsebeeten verteilt werden. Das Aushubmaterial, das darunter liegt, ist tote Erde, die sich eignet, um einen Wall oder Hügel anzulegen. Handelt es sich um mehr oder weniger reinen Sand, kann der Aushub gesiebt und zum Einschlämmen der Teichschale benutzt werden.
Vor dem Einbau des Beckens sollte klar sein, ob das Ufer des Teiches begehbar oder als naturnahe Sumpfzone gestaltet werden soll. Im ersten Fall verstärkt man den Streifen, auf dem der Schalenrand liegen wird, mit Pflastersteinen oder Gehwegplatten. So kann die Kunststoffschale später nicht ungleichmäßig tief in den Boden gedrückt werden, wenn sie an immer der gleichen Stelle betreten wird. Steine und Rand werden später mit Erde oder Grassoden bedeckt, so daß davon nichts mehr zu sehen ist.

Schaufel, Wasserwaage und eine Bohle.

Die Teichschale *läßt sich besser zu zweit als allein einsetzen, obwohl das Becken nicht schwer ist. Wichtig: Am Ufer vorsichtig treten, damit keine Erde abrutscht.*

Höhenkontrolle *am eingesetzten Becken: Es kommt darauf an, daß die Ränder überall auf gleichem Niveau liegen. Wenn das Wasser eingefüllt wird, sackt das Becken noch tiefer.*

Sand und viel Wasser *werden gebraucht, um das Becken richtig festzusetzen. Bis alle Hohlräume zwischen Becken und Teichgrube gefüllt sind, schlämmt man Sand ein.*

Die Pumpe *wird auf eine der höheren Terrassenstufen gesetzt, damit sie nur die obersten Wasserschichten umwälzt. Zwischen Steinen versteckt, fällt sie kaum auf.*

Die Wasserglocke *in einer Ecke des Teiches sorgt für geringe Wasserbewegung. Das bekommt den dicht daneben wachsenden Pflanzen besser als eine sprudelnde Fontäne.*

Wasserpflanzen *werden in Körben eingesetzt. Die Steine rundherum geben ihnen Halt und verdecken außerdem die Kunststoffbehälter. Eine Erdschicht ist nicht nötig.*

Zierteich oder Biotop?

Ein kleiner Teich bietet nicht genug Platz für eine naturnahe Zone und einen Teil mit Fontäne. Deshalb sollte man sich vorher für eine der beiden Formen entscheiden. Auch die Größe einer Fontäne hängt von den Abmessungen des Teiches ab. Beim Kauf sollte man sich an den auf der Verpackung angegebenen Werten für die Wurfweite eines Wasserspiels orientieren. Am wenigsten Platz brauchen Wasserglocken. Sie sehen aber nur dann schön aus, wenn der Teich an einem windstillen Ort angelegt wird.

Eine gute Möglichkeit, beide Elemente zu verbinden, sind Teichschalen, die mit Wasserüberlaufschläuchen verbunden werden. Hier kann ein Teich als Biotop dicht mit Pflanzen besetzt werden, während der andere einen Springbrunnen bekommt. Die Springbrunnenpumpe bewegt das Wasser in beiden Teichteilen. So profitieren beide von den positiven Wirkungen von Wasserspiel und Bepflanzung: Die Pflanzen im einen reinigen das Wasser, durch das Wasserspiel im anderen wird es mit Sauerstoff angereichert. Mit der Kombination mehrerer kleiner Becken läßt sich außerdem nach und nach eine ganze Wasserlandschaft anlegen.

Auf Teicherde kann im Schalenteich meist ganz verzichtet werden. Die Pflanzen werden in Körben eingesetzt, die mit Jute ausgeschlagen sind. So bleibt der Wurzelballen geschlossen, und die Erde kann nicht ausgeschwemmt werden. Diese Art der Kultur hat den Vorteil, daß der Nährstoffgehalt im Wasser niedrig bleibt und Algen nicht viel Nahrung finden. Das Wasser bleibt also dauerhaft klar. Außerdem kann man kälteempfindliche Pflanzen im Winter leichter ins Haus holen.

neue Teich eingerichtet.

Die Wasserkaskade im Zierteich verbreitet an heißen Tagen angenehm kühle Luft in der Nähe des Teiches und glitzert im Sonnenlicht.

Die kleinen Teiche haben oft weniger als 80 cm Wassertiefe, sind also für Seerosen zu flach. Um sie dennoch kultivieren zu können, setzt man sie im Korb ein und holt sie im Winter ins Haus. Dort werden sie in einem Eimer mit kalkarmem Wasser an einen hellen, kühlen Ort gestellt.
Die Pflanzen in der Sumpfzone überstehen Frost problemlos und brauchen deshalb kein besonderes Winterquartier. Sie müssen nur jährlich oder wenigstens alle zwei Jahre geteilt werden, weil sie sonst zu dicht werden und dann bei begrenztem Subtrat und engem Wurzelraum anfangen zu kümmern.
Damit die Ränder des Teichbeckens nicht zu sehen sind, kann man kriechende Sumpfpflanzen an das Teichufer setzen. Schön sind auch Natursteine, die als Wall aufgeschichtet oder als Fläche ausgelegt werden. Wichtig sind dabei anstelle überkragender Platten leicht schräge Wälle, die Tieren den Weg aus dem Teich ans Land erleichtern.

Fertige Teichschalen für

Palisaden verdecken die Front der Teichschale, die am Hang eingesetzt wurde.

den kleinen Wassergarten

Mit Kunststoffschalen, die es in vielen Größen für Teiche und Bachläufe gibt, lassen sich Teiche perfekt und schnell bauen.

Für die Anlage kleiner bis mittelgroßer Teiche sind fertige Teichschalen gut geeignet. Sie haben den Vorteil, daß sie bereits profilierte Wände haben, in die alle Tiefenzonen mit flachen Wülsten voneinander abgegrenzt eingearbeitet sind. Ein weiterer Vorteil ist die Mobilität dieser Art von Teichen: Mit ihnen läßt sich auch in einem gemieteten Garten arbeiten, in dem bei einem Umzug der ursprüngliche Zustand wiederhergestellt werden muß. Das Becken wird einfach geleert, ausgegraben und die Grube wieder mit Erde gefüllt. Am neuen Ort ist die Schale dann wieder zu benutzen. Um den zunächst aus einem Teich bestehenden Wassergarten zu erweitern, können nach und nach mehrere Becken eingesetzt werden. Wenn die Zwischenräume mit Sumpfpflanzen gefüllt werden, erscheint die Anlage nach kurzer Zeit wie aus einem Stück.

Am geraden Rand einer Terrasse kann das wie eine Acht geformte Becken stehen (oben). Die dreieckige Variante ist für Ecken geeignet, die für einen Teich genutzt werden sollen. Gut zu erkennen sind die Tiefenzonen.

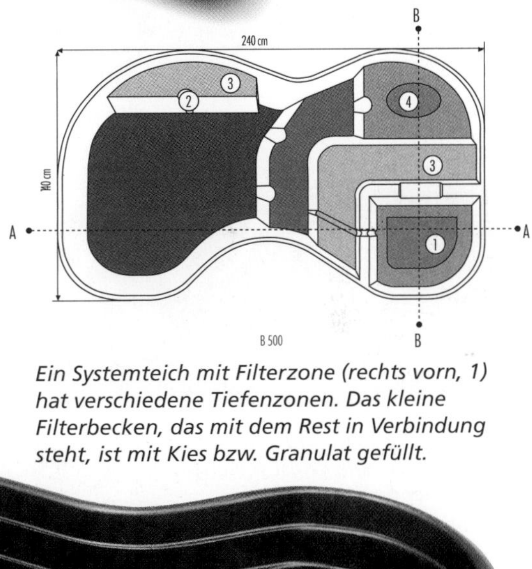

Ein Systemteich mit Filterzone (rechts vorn, 1) hat verschiedene Tiefenzonen. Das kleine Filterbecken, das mit dem Rest in Verbindung steht, ist mit Kies bzw. Granulat gefüllt.

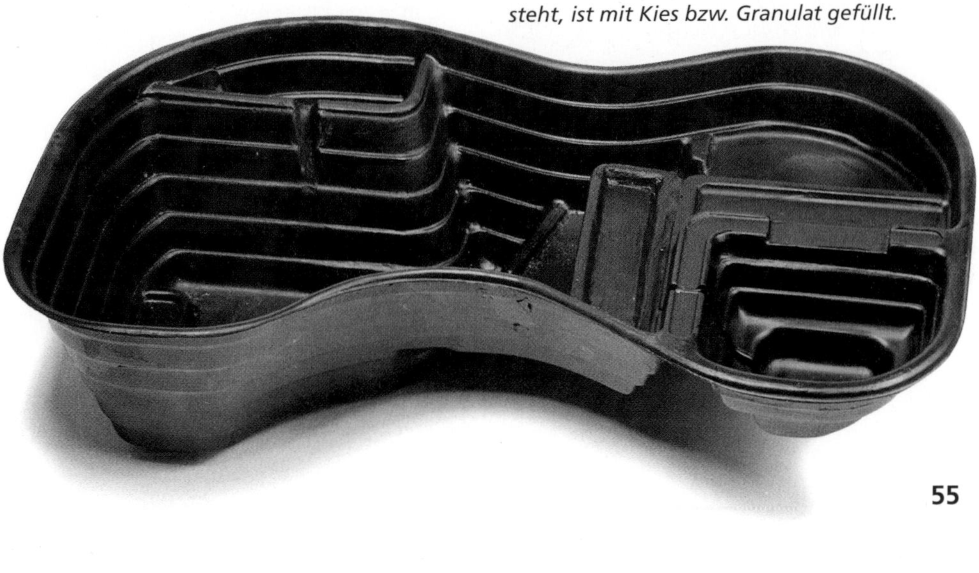

Langlebiges Material und naturnahe Formen

Mehrere Teichbecken mit Schläuchen verbunden: So kann auch nachträglich ein Teich erweitert werden. Ein Becken kann als biologischer Filter genutzt werden, der die gesamte Wassermenge reinhält.

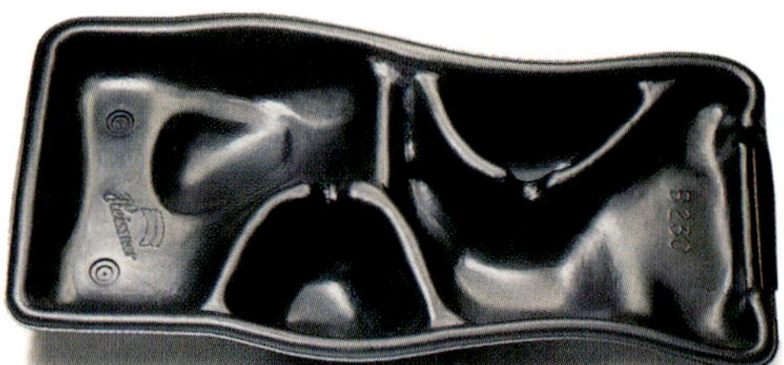

Bachlaufschalen sind an einem Ende mit einem Wulst versehen, der über das jeweils folgende Element gehängt wird.

Schwarz oder braun wie Erde

Teich- und Bachlaufschalen sind mit wenigen Ausnahmen in schwarzem oder erdbraunem Kunststoff zu haben. Wassergefüllt und bepflanzt, ist das Material kaum von der Gartenerde zu unterscheiden, und das Becken wirkt sehr natürlich. Als Alternative für Bachläufe gibt es besandete Schalen, die einen helleren Boden nachahmen.
Fertigteichbecken sind meist aus glasfaserverstärktem Polyesterharz (GFK), Polyäthylen (PE) oder Acryl-Butadien-Styrol (ABS) hergestellt und thermisch geformt. Die Schale hat an allen Stellen die gleiche Stärke, so daß auch bei langjährigem Gebrauch keine Undichtigkeiten zu befürchten sind. Die Kunststoffe enthalten nach Angaben der Hersteller keine umweltschädlichen Weichmacher, sind schlagfest und beständig gegen UV-Licht

für Teich- und Bachlaufschalen

Die strenge symmetrische Form des Beckens mit umlaufender Sumpfzone und Tiefwasserbereich genau in der Mitte wird aufgelockert, sobald Pflanzen eingesetzt sind. Fällt unglücklicherweise ein Tier in das Becken, so gelangt es leicht wieder heraus, weil die Wände nicht ganz glatt, sondern mit flachen Profilen versehen sind.

und Frost. Die leicht konische Form sorgt dafür, daß gefrierendes Wasser sich nach oben ausdehnen kann und dabei kein Druck auf die Wände ausgeübt wird. Fertigteiche sind so konzipiert, daß ein gutes Verhältnis von Wassermenge und Wasseroberfläche gewährleistet ist, in dem sich ein biologisches Gleichgewicht herstellen kann. Die Tiefe liegt in der Regel bei 40 bis 60 cm, große Becken sind oft 80 cm tief. Nur diese sind für Fische geeignet, denn sie frieren selten bis zum Grund zu. Werden Fische in flacheren Teiche gehalten, müssen sie vor dem Winter herausgenommen werden und überwintern in einem Becken im Haus. Das gleiche gilt für frostempfindliche Pflanzen wie z. B. Seerosen, die im Pflanzkorb eingesetzt und leicht aus dem Teich in einen Eimer mit Wasser umgesetzt werden können.

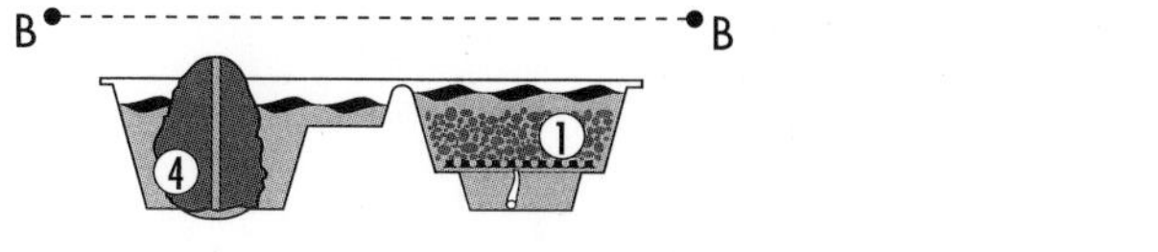

Systemteiche mit Filterzone (1) haben einen geschlossenen Wasserkreislauf. Sie brauchen eine Pumpe am Teichgrund, die das Wasser in den Filter befördert. Aus dem kleinen Becken läuft es über einen Wulst, der bis kurz unter die Wasseroberfläche reicht, ins große Becken zurück. Die Pumpe kann mit einem Sprudelstein kombiniert werden, für den eine stabile Auflage (4) vorgesehen ist.

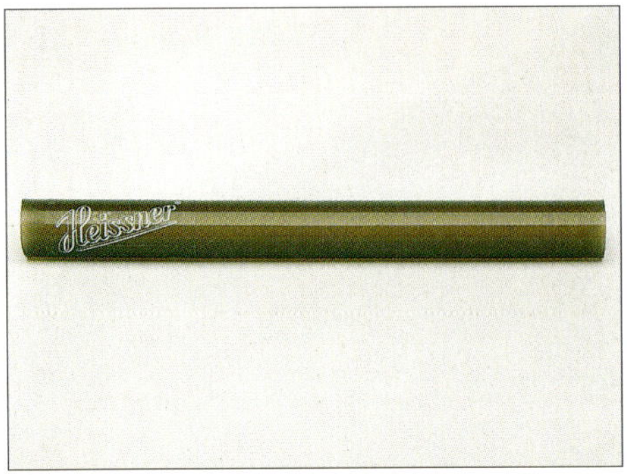

Schläuche gibt es mit verschiedenen Durchmessern (hier 3/4"). Erdbraune oder schwarze Schläuche sind im Becken fast unsichtbar.

Beckenanschlüsse sind aus vernickeltem Messing gebogen, gerade und mit mehreren Durchmessern zu haben.

Anschlüsse, Adapter, Verteiler

Um mehrere Teichschalen zu verbinden und mit Pumpen, Wasserspeiern, Sprudelsteinen, Wasserfällen oder Bachläufen einen Wasserkreislauf herzustellen, sind verbindende Kleinteile notwendig. Der Zusammenbau der Anlage ähnelt einem Puzzle, das am besten auf Papier zusammengesetzt wird: Alle Elemente, die miteinander verbunden werden sollen, werden in ihrer ungefähren Position eingezeichnet. Die Schlauchführungen (Zu- und Abläufe) sind als farbige Linien dazwischen eingetragen. Aus dieser Zeichnung läßt sich leicht ablesen, wo Kreuzungspunkte und Beckendurchführungen liegen, wo Reduzierstücke für die Verbindung von Schläuchen mit unterschiedlichen Durchmessern gebraucht werden oder wo Teichfiguren stehen, deren Spritzweite durch Verschlußhähne oder Klemmen regulierbar sein soll.
Beckendurchführungen werden bei Schalenteichen am häufigsten gebraucht. Zum Beispiel, weil die Pumpe außerhalb des Beckens aufgestellt ist, weil ein (oder

Druckregler werden für Wasserspiele oder Teichfiguren eingesetzt, deren Spritzweite reduzierbar sein soll.

Gewindeadapter für metrische und Zollgewindeanschlüsse stehen als Zwischenstücke für vielseitige Verwendung zur Verfügung.

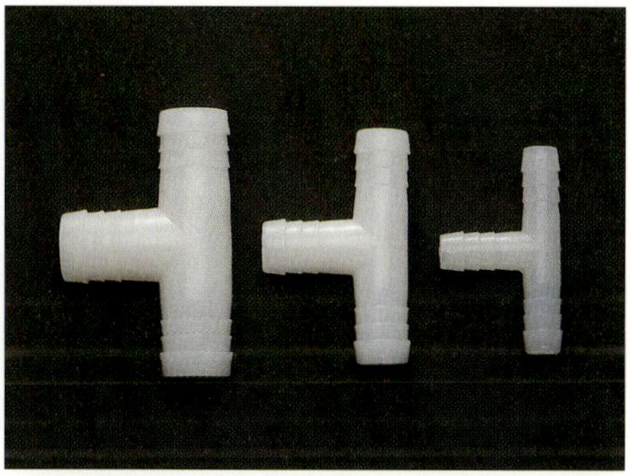

T-Verteiler mit gleich großen Ausgängen: Der kleinste ist für Teichfiguren geeignet, die größeren für Quellsteine und Wasserfälle.

mehrere) Wasserspeier am Ufer betrieben, mehrere nebeneinanderliegende Teiche zu einem zusammenhängenden Wassergarten verbunden, ein Bachlauf oder ein Wasserfall angeschlossen werden sollen.
Schlauchverteiler, also Kreuzungen, werden für die Verbindung von einem Becken bzw. der darin aufgestellten Pumpe und mehreren Wasserspeiern am Rand eingesetzt. Sie sind mit gleich großen Ausgängen und mit Ausgängen unterschiedlicher Durchmesser zu haben. Die Reduzierung der Durchmesser ist bei Wasserspeiern mit kleineren Eingängen sinnvoll.
Bevor die Teile eingebaut werden, legt man das gesamte System zunächst an Ort und Stelle aus, schneidet die Schläuche (mit Zugabe) auf die richtige Länge und steckt die Verbindungen dann zusammen. Wie bei allen Schlauchverbindungen geht das leichter, wenn die Stutzen mit einem dünnen Spülmittelfilm gleitfähiger gemacht werden. Um die Schläuche mühelos auf Metallstutzen zu schieben, erhitzt man sie vorher kurz in Wasser.

Universalreduzierstücke für Schläuche können z. B. beim Anschluß von Geräten mit anderen Stutzen notwendig werden.

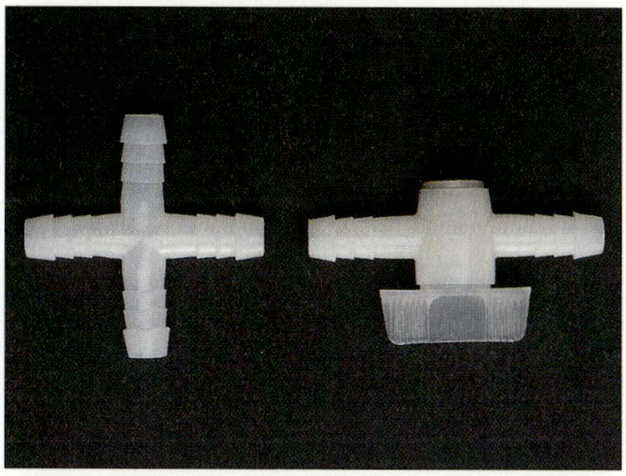

Kreuzverteiler dienen zum Anschluß von z. B. drei Teichfiguren. Daneben ein Verteiler mit Verschlußhahn.

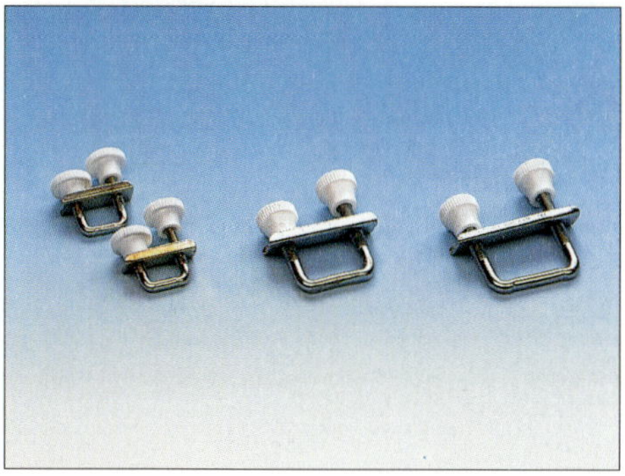

Regulierklemmen stellen die einfachste Möglichkeit dar, die Durchflußmenge durch den Schlauch zu verändern.

Der kleinste Teich: ein

Eine kleine Pumpe hält das Wasser in Bewegung. Wird der Brunnen an das Regenrohr angeschlossen, muß für einen Überlauf in ein zweites Becken gesorgt werden.

Brunnen mit Palisadenrand

Ein einfacher Mörtelkübel aus schwarzem Kunststoff wird zum Teichbecken. Schön versteckt steht er in einer Einfassung aus dicken Holzpalisaden.

Wenn der Platz nicht reicht, um einen richtigen Teich zu bauen, ist der kleine Brunnen eine gute Alternative. Kern ist ein Mörtelkübel aus dem Baumarkt mit 40 cm Wandhöhe und 60 cm Durchmesser. Er wird von innen mit Acryllack hellgrün gestrichen, damit das Wasser heller scheint, und zur Hälfte mit Feldsteinen gefüllt. Eine kleine Pumpe, die zwischen den Steinen steht, sorgt für ständige Wasserbewegung. Von ihr aus führt ein Schlauch zwischen den Palisaden zu dem höchsten Rundholz in ein schräg abgesägtes Stück Bambus, das von Steinen beschwert sicher liegt.

Als Einfassung wurden 50 und 75 cm lange Palisaden mit einem Durchmesser von 10 cm verwendet. Das Rundholz, auf dem das Wasserrohr liegt, ist 100 cm lang und hat 20 cm Durchmesser.

Um den Brunnen stabil aufzustellen, hebt man den Boden auf der ganzen Fläche 10 cm tief aus, stellt die Palisaden auf und verbindet sie oben und unten von innen mit Spanndraht und verzinkten Krampen. Anschließend stellt man den vorbereiteten Kübel hinein, schüttet von außen Erde an und stampft sie fest. Das dicke Rundholz, auf dem das Wasserrohr liegt, wird 30 cm tief in den Boden eingegraben.

Eine einzige Pflanze am Rand des Beckens ist bei dem kleinen Brunnen ausreichend. Der Pflanzkorb wird mit rostfreien Haken (Haushaltswarengeschäft) am Rand des Bottichs aufgehängt.

Mit der Wasserwaage läßt sich kontrollieren, ob der Kübel ganz gerade auf der ausgehobenen, verdichteten Fläche steht.

Die Palisaden werden probeweise eingesetzt. Dann nimmt man den Kübel heraus und verbindet die Hölzer miteinander.

Das Bambusrohr wird mit Spanndraht und Krampen auf dem dicken Rundholz befestigt. Steine verdecken den Draht später.

Zwischen Haus und Teich:

Weg oder Terrassendeck kann ein Steg sein, der den Teich an einer oder zwei Seiten begrenzt. Das Deck ist eine platzsparende Lösung für kleine Gärten.

Viel leichter zu bauen als eine gepflasterte Terrasse und viel flexibler bei der Nutzung unebener Bodenformen sind Holzterrassen, die auf unterschiedlich langen Stützen und durchlaufenden Kanthölzern ruhen. Am Teich erinnern sie an Bootsanleger, auf denen man es sich auch mit Gartensessel, einem kleinen Picknick und Lesestoff gemütlich machen kann. Im Unterschied dazu ist dieser Steg nicht ins Wasser hineingebaut, sondern als Uferbegrenzung auf festem Untergrund angelegt.

Die Stützpfosten werden in den Boden eingegraben. Um ihre Höhe zu prüfen, legt man Richtlatten auf und richtet sie dann nach der Wasserwaage aus.

ein breiter Steg aus Holz

Bootsstege sind die Vorbilder der Decks, die direkt an den Gartenteich angrenzen. Wie groß sie sein dürfen, hängt vom Platz ab. Schön sind Stege, die sich zum Sitzplatz verbreitern.

Lagerbalken müssen meist zusammengesetzt werden. Die stabilste Verbindung: eine Überblattung der Balken, die genau an einem ausgeklinkten Stützpfosten liegt.

Maßarbeit nach eigenen Plänen

Die Pfosten und Planken, aus denen die Stege gebaut sind, sind als Gartenholz in Baumärkten oder Gartencentern zu finden. Sie sind geschliffen und druckimprägniert, die Planken haben meist eine fein geriefte Oberfläche und sind dadurch auch bei Nässe rutschsicher. Pfosten sind in Längen zwischen 240 und 450 cm zu haben, Planken (auch als Außendielen bekannt) gibt es 240 bis 390 cm lang. Welche Länge am günstigsten ist, hängt von der Größe von Stegen und Decks ab. Schließlich soll es so wenig Verschnitt wie möglich geben.

Um den Materialbedarf zu ermitteln, wird ein auf den Zentimeter genauer Plan der Anlage gezeichnet. Aus der Aufsicht läßt

Die Bodenplanken werden mit je zwei Schrauben auf den Lagerbalken fixiert. Sie stehen außen ein paar Zentimeter über und verdecken damit die Kante der Teichfolie.

Mit Gefälle vom Haus weg müssen Stege und Decks angelegt werden. Nach der Kontrolle mit der Wasserwaage sind kleine Korrekturen noch beim Verlegen der Planken möglich.

sich die Zahl der benötigten Planken errechnen, eine Ansicht mit der Darstellung von Bodenunebenheiten ist erforderlich, um die Länge der Stützpfosten zu bestimmen. Dabei ist zu beachten, daß die Pfosten etwa zu einem Drittel eingegraben werden sollten.
Nur selten gibt es die als Träger eingesetzten Balken in ausreichender Länge. Sie werden deshalb in Höhe eines Pfostens überblattet. Besonders stabil wird die Verbindung, wenn der Stützpfosten oben ausgeklinkt ist und die Lagerbalken eine feste Auflage haben. Wer auf Ausklinkungen verzichten will, schraubt die Lagerbalken auf die Stützen. Stoßstellen müssen genau über einer Stütze liegen.

Die Teichfolie wurde nach Maß zusammengeschweißt oder fertig verschweißt bestellt. Sie wird locker eingelegt und bis zu den Stegen hochgezogen.

Die Teichgrube wird ausgehoben, ehe der erste Pfosten gesetzt ist. Mit einer Richtlatte kontrolliert man die Uferhöhe noch einmal, bevor die Folie eingelegt wird.

Die Folienkanten werden nach außen umgeschlagen und an die Lagerbalken getackert. Wichtig: Die Folie muß sehr locker liegen, damit sie garantiert nicht ausreißt.

Folienkante, *Lagerbalken und Stützpfosten sind durch eine lange Planke verdeckt. Sie wird mit rostfreien Schrauben an den Pfosten befestigt.*

Zweierlei Uferbefestigung

Die Teichmulde abstecken und ausheben ist auch beim Bau dieses Folienteichs die erste Arbeit. Bevor man die Folie einlegt, wird aber erst der Steg gebaut, denn an zwei Seiten ist die Folie angetackert. Die beiden gegenüberliegenden Ufer bleiben noch unbearbeitet, bis das Wasser eingelaufen ist, damit von den freien Seiten Material nachgezogen werden kann, sobald an den bereits fixierten Kanten Spannung entsteht. Erst wenn der Teich komplett mit Wasser gefüllt ist und die Folie sich gesetzt hat, kann sie an diesen Seiten entsprechend der Uferlinie zurechtgeschnitten werden. Die Ränder verschwinden unter Grassoden, die beim Ausheben der Mulde übriggeblieben sind.

Das Teichwasser *wird zunächst nur zu einem Drittel eingelassen. Schon dieses Gewicht verdichtet die Erde in der Mulde und zieht die Folie in den Teich.*

Pflanzen *in der flachen Sumpfzone wachsen schnell und verdecken die Folienränder vollständig. Wuchernde Arten setzt man in einem Gitterkorb.*

***Zwischen zwei Holzterrassen** verläuft der Steg, der auf einer Seite an den Teich grenzt und auf der anderen Seite an den dicht bepflanzten grünen Teil des Gartens.*

***Das Deck direkt am Haus** liegt auf festem Boden. Der Teich hat eine Abdichtung aus Folie, die am Deck befestigt ist. Sumpfpflanzen verdecken die Folie.*

***Eine Holzterrasse** als Sitzplatz im Garten: Das angrenzende Teichbecken hat eine streng geometrische Form, die durch Pflanzen aufgelockert wird.*

***Der Plankensteg** mit schräg verlegten Dielen führt als Brücke in den hinteren Teil des Gartens. Optisch reizvoll sind hier die auf dem Kantholzfundament schräg verlegten Dielen.*

Mit Holzbohlen und Folie:

Im Sommer muß ab und zu Wasser mit dem Gartenschlauch aufgefüllt werden.

Teich bauen an einem Tag

Anstrengende Erdarbeiten sind beim Teichbau mit dicken Schwellen und Folie nicht notwendig, denn das flache Becken steht auf ebener Erde.

Einfacher ist ein selbstgebauter Teich nicht zu haben: Druckimprägnierte Schwellen auslegen, miteinander verbinden, Folie einhängen, Wasser einlassen – das ist schon alles.

Die Vorzüge dieser Methode liegen nicht nur darin, daß sich viel Zeit und Arbeit sparen läßt. Sie ist ideal für alle, die probieren wollen, ob sie überhaupt einen Teich haben möchten, für die, die noch nicht genau wissen, welche Ecke des Gartens für ein Becken am besten wäre und deshalb noch nichts Unverrückbares bauen möchten, und für die, die nicht wissen, wo sie mit dem unvermeidlichen Erdaushub bleiben sollen.

Für Mieter schließlich ist ein Teich dieser Art der einzig mögliche, denn er ist ohne Probleme wieder zu entfernen. Wenn das Becken auf dem Rasen stand, muß die Fläche nur wieder neu eingesät werden, und nach einigen Wochen sind keine Spuren mehr zu sehen.

Die wichtigsten Bauteile sind die Schwellen aus dem Osmo-Gartenholzprogramm, von denen jeweils 12 Stück gleicher Länge in vier Lagen aufeinandergestapelt werden. Mit ihnen läßt sich fast jede Form schaffen, denn sie reihen sich wie Kettenglieder aneinander. Um herauszufinden, welche Form am schönsten ist oder am besten in die vorgesehene Ecke paßt, baut man mit 12 Streichhölzern ein Modell. Quadrat, Rechteck, Winkel, Vieleck – die Auswahl ist unbegrenzt.

Stabile Ecken: *Die Schwellen verspringen von Lage zu Lage nach links bzw. rechts, und so entsteht ein Verbund. Für die verbindenden Schraubnägel wird vorgebohrt.*

Schraubnägel *verhindern, daß die Schwellen verrutschen. Mit einer Länge von 150 mm fixieren sie immer eine Schwelle auf der darunterliegenden.*

Die erste Lage markiert die Form

Wenn die Entscheidung für eine Teichform gefallen ist, kann es losgehen. Die erste Lage druckimprägnierter Schwellen wird direkt auf dem Rasen in der gewünschten Anordnung ausgelegt und an einigen Punkten mit in den Boden geschlagenen Leistenstücken fixiert. Wichtig ist diese Fixierung besonders dann, wenn das Becken tiefer sein soll als durch die Wandhöhe vorgesehen. Die Hölzer markieren dann die Fläche, die ausgeschachtet werden soll.

Das Aufrichten der Wände geht zügig: Drei Lagen von Schwellen werden so aufeinandergelegt, daß sie immer um Materialstärke nach links oder rechts verspringen. So entsteht an den Ecken ein Verbund ähnlich wie beim Mauern. Zwischendurch wird immer wieder mit einer Latte und der Wasserwaage kontrolliert, ob die Wände überall die gleiche Höhe haben, und eventuell mit dünnen Zwischenlagen ausgeglichen. Dann werden die Schwellen an beiden Enden durchbohrt und mit langen Schraubnägeln verbunden. Bevor die Folie eingelegt wird, sucht man den Boden sorgfältig nach Steinen oder anderen harten Gegenständen ab. Dann breitet man sie so aus, daß sie an allen Seiten gleichmäßig über den Rand hinausreicht, und glättet die Falten. Pumpe und Sprudelstein werden installiert, während etwa bis zur halben Wandhöhe Wasser eingelassen wird. Durch das Gewicht setzt sich die Folie und nimmt ihre endgültige Lage ein.

Die Ränder werden mit Dachpappnägeln befestigt, Überstehendes mit einem scharfen Messer abgetrennt. Schließlich kann die letzte Schwellenreihe aufgelegt und mit kurzen Schraubnägeln befestigt werden.

Die Teichmulde, *die bei diesem Teich ausgehoben wurde, ist in der Mitte 90 cm tief. Die Tiefe kann gut mit Hilfe einer geraden Latte gemessen werden.*

Die Folie *wird ganz locker in die Teichmulde eingelegt. Sie soll an allen Seiten möglichst gleichmäßig über den Rand aus Schwellen hinausragen.*

Die Pumpe *wird unter einen größeren Pflanzkorb gestellt. Durch die durchbrochenen Wände kann der Schlauch mühelos nach oben zum Sprudelstein geführt werden.*

Der Sprudelstein *liegt auf dem Korb. Von unten wird der Schlauch hineingesteckt. Sprudelsteine gibt es fertig zu kaufen, man kann das Loch aber auch selbst bohren.*

Überstehende Ränder *werden mit einem scharfen Messer abgetrennt. Als Anlage dient eine Latte in der Länge einer Schwelle. So wird der Schnitt ganz gerade.*

Mit Dachpappnägeln *wird die Folie auf der vorletzten Schwellenlage befestigt. Vor dem Aufnageln läßt man Wasser ein, damit sich die Folie setzen kann.*

Wasserspiele im kleinen Teich

Ein Zierteich wie dieser wird noch schöner, wenn das Wasser in Bewegung ist. Für eine Fontäne ist darin nicht genug Platz, aber ein Sprudelstein in einer Ecke paßt sehr gut. Pumpe und Stein werden installiert, sobald die Folie liegt und das Wasser langsam einläuft.

Die beiden Teile werden direkt übereinander aufgestellt: Die Pumpe steht sicher in einem Pflanzkorb, durch dessen Gitterwand der Schlauch nach oben geführt wird. Darauf liegt der Sprudelstein, der durch den Unterbau genau die richtige Höhe hat und keine eigene Unterkonstruktion braucht. Das Stromkabel wird in einer Falte der Folie versteckt und in einer Ecke der Schwellenwand nach außen geführt. Wenn sich nicht ohnehin eine ausreichend große Fuge finden läßt, arbeitet man mit dem Bohrer eine kleine Ausklinkung dafür aus. Außerhalb des Teiches verschwindet das Kabel zwischen Stauden und Gräsern.

Mit dem Sprudelstein wird das Wasser im Teich ständig umgewälzt und mit Sauerstoff angereichert. Das ist besonders an sehr sonnigen Tagen wichtig, wenn das Wasser sich stark erwärmt und der Sauerstoff knapp wird.

Zusätzlich muß während des Sommers gelegentlich Wasser nachgefüllt werden, weil von der großen Oberfläche viel verdunstet. Das geschieht am besten mit dem Gartenschlauch und Sprühdüse, durch die das Wasser wie von einer Fontäne ins Wasser plätschert. In der Luft nimmt es nämlich Sauerstoff auf und es erwärmt sich leicht, was den Pflanzen gut bekommt. Wasser direkt aus der Leitung, mit einem eingehängten Schlauch eingefüllt, wäre zu kalt.

Die letzte Reihe von Schwellen, die die Schnittkante der Folie verdeckt, wird aufgelegt und festgenagelt. Das Wasser steht bis kurz unterhalb der vorletzten Schwelle.

Die Pflanzen werden in Pflanzkörbe gesetzt, die mit Jutegewebe ausgeschlagen sind. Für kleine Pflanzen besorgt man Teichpflanzenerde als Substrat.

Wasserpflanzen, die im flachen Teich wachsen

Von der Schwertlilie bis zur Seerose kann selbst in einem kleinen, flachen Teich alles an Wasserpflanzen kultiviert werden. Doch mehr noch als in anderen Teichen ist es hier sinnvoll, die Pflanzen in Körben einzusetzen, die leicht wieder herausgenommen werden. Die meisten von ihnen vertragen nämlich keinen Frost und müssen deshalb den Winter über ins Haus geholt werden. In einem Eimer Wasser und an einem hellen, kühlen Platz überstehen sie die kalte Jahreszeit gut. Damit der Teich aber ohne Pflanzen nicht ganz so kahl aussieht, kann man eine Seite von außen mit Schilf, Bambus oder anderen hohen Gräsern bepflanzen, die gut in einen Wassergarten passen.

Ein Staudenbeet, das mit Palisaden eingefaßt ist, ersetzt die Sumpfzone. Für feuchtigkeitsliebende Pflanzen kann man einen Überlauf vom Teich anlegen.

Im Miniaturformat:

Sumpfpflanzen und Gräser gedeihen in den Pflanzkörben, die in den Wasserbecken stehen.

Im 45°-Winkel *sind die Leisten abgeschrägt. Exakte Zuschnitte gelingen mit Fuchsschwanz und Gehrungsanschlag.*

Ein Brettanschlag *garantiert gerade Beckenwände. Die Leisten werden vorgebohrt und mit Kreuzschlitzschrauben verbunden.*

Wasserfall für die Terrasse

Aus Teichfolie, Holzleisten, Steinen und einer Pumpe ist ein kompletter kleiner Wassergarten entstanden, der nur knapp vier Quadratmeter beansprucht.

Auf dem festen Boden einer Terrasse läßt sich kein Teich anlegen. Doch Platz für einen kleinen Wassergarten bleibt trotzdem, wenn er aus frei stehenden Wasserbecken besteht. Diese beiden sind miteinander verbunden und durch eine Sitzecke aus Leisten ergänzt. Die Anlage paßt in eine sonst ungenutzte Ecke, die wenigstens ein paar Stunden am Tag von der Sonne beschienen wird. Denn dann glitzert das Wasser, das von den Steinen im ersten Becken in das tiefer liegende zweite plätschert, besonders, und die Pflanzen am Rand der Wasserflächen gedeihen besser. Gebaut ist der kleine Wassergarten aus Leisten und Teichfolie – Materialien, die es überall für ein paar Mark zu kaufen gibt. Seine Größe kann je nach dem vorhandenen Platz abgewandelt werden.

Eine Aussparung für den Überlauf wird mit zwei Sägeschnitten, zwischen denen das Holz mit Stecheisen entfernt wird, hergestellt.

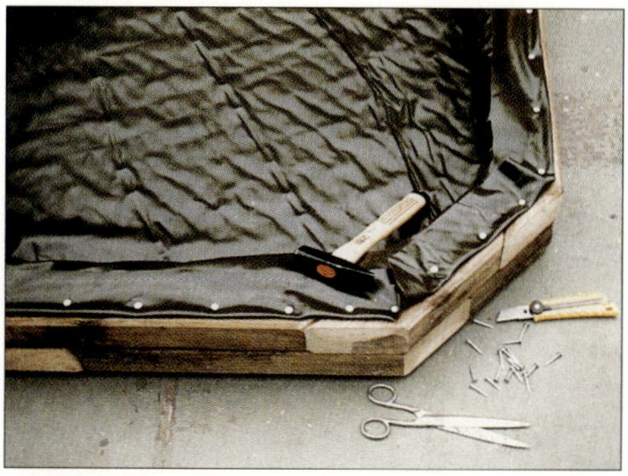

Die Folienränder werden rundherum umgeschlagen und mit Dachpappnägeln angenagelt. Die Folie soll sehr locker liegen.

Die Pumpe steht im unteren Becken. Strom- und Wasseranschlußleitungen liegen versteckt unter der Sitzfläche.

Verzinktes U-Eisen dient als Überlauf von einem zum anderen Becken. Die Folie darin ist mit Klebeband befestigt.

Kiesel und Steine bedecken den Boden.

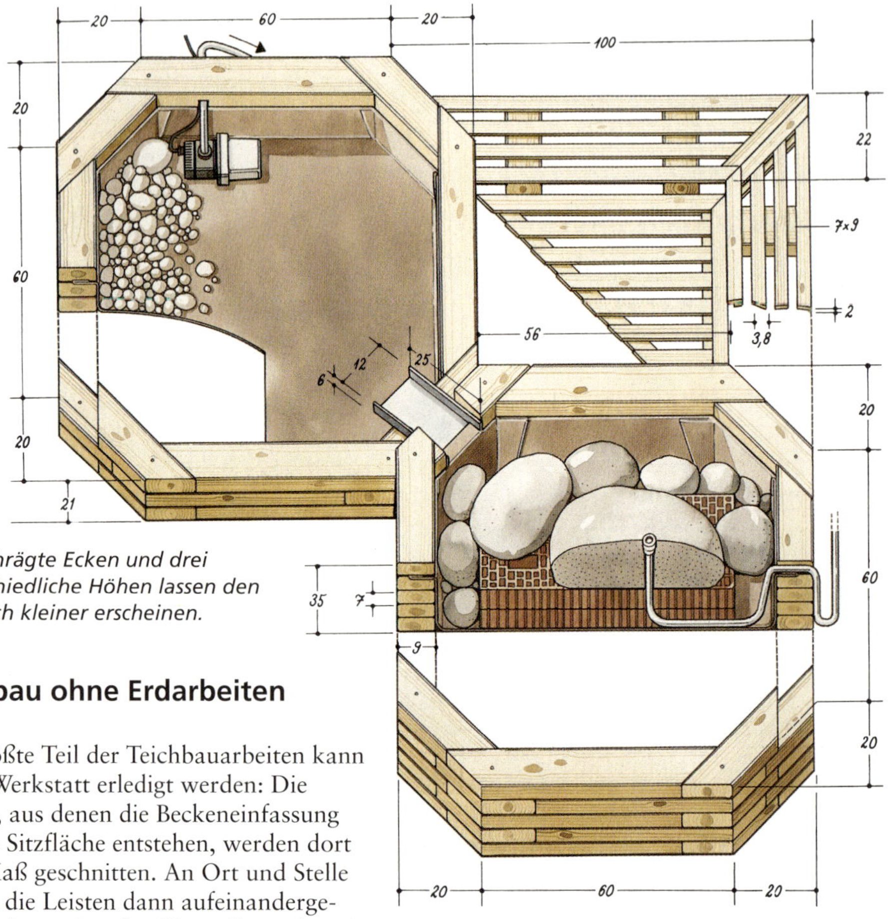

Abgeschrägte Ecken und drei unterschiedliche Höhen lassen den Miniteich kleiner erscheinen.

Teichbau ohne Erdarbeiten

Der größte Teil der Teichbauarbeiten kann in der Werkstatt erledigt werden: Die Leisten, aus denen die Beckeneinfassung und die Sitzfläche entstehen, werden dort nach Maß geschnitten. An Ort und Stelle werden die Leisten dann aufeinandergesetzt und verschraubt. Wenn die vorletzte Lage liegt, hängt man die Teichfolie locker ein und nagelt sie fest. Die Kanten werden von den obersten Leisten verdeckt. Die Pumpe, die das Wasser vom unteren Becken wieder nach oben fördert, steht von Kieseln verdeckt im unteren Becken. Die Schläuche verlaufen außen am Rand unter der Sitzfläche. Das obere Becken ist mit Feldsteinen ausgelegt. Der größte Stein ist für den Wasserschlauch durchbohrt. Um mit möglichst wenigen Steinen auszukommen, legt man den Boden des oberen Beckens mit Ziegeln oder Betonsteinen aus. Als Wasserrinne zwischen beiden Becken dient ein verzinktes, mit Teichfolie ausgelegtes U-Eisen.

Eine Flachwasserpumpe genügt, um das Wasser zu fördern. Sie kann auch mit einem Fontänenaufsatz verbunden werden.

Der Natur abgeguckt:

Dichte Sträucher umrahmen den Wasserfall und lassen ihn natürlich erscheinen.

Wasserfall am kleinen Teich

Mit Natursteinen, umgeben von dichten Büschen und blühenden Sumpfpflanzen wirkt der künstliche Wasserfall fast wie echt.

Wasserspiele mal auf andere Art: Statt einer Fontäne oder eines Sprudelsteins bringt ein kleiner Wasserfall das Teichwasser in Bewegung. Über große Sandsteinplatten und glatt geschliffene Feldsteine rinnt und plätschert es, erwärmt von der Sonne und aufgetankt mit Sauerstoff. Ein Vergnügen, zuzusehen und zuzuhören. Der Wasserfall ist aber nicht nur Dekoration, er ist auch die schönste Möglichkeit, den Aushub an Erde, der beim Teichbau anfällt, sinnvoll zu verwenden. Denn die Steine liegen auf einem künstlichen Hügel, der durch Palisaden eingefaßt ist. Eine treppenähnliche Stützkonstruktion aus imprägnierten Kanthölzern trägt die schweren Platten.

Palisaden fangen den Hügel auf der Rückseite ab. Sie werden etwa ein Drittel tief in den Boden gesetzt und festgestampft. So halten sie dem Erddruck gut stand.

Das stabile **Holzkonstruktion** gibt den

Beim Teichbau wird der Wasserfall gleich mit angelegt.

Die Erde, die für die Teichmulde ausgehoben wird, häuft man einen Meter weiter gleich für den Hügel auf. Kein Hin- und Herfahren mit vollbeladenen Schubkarren, kein Rätselraten, wo so viel Boden nicht stört, vielleicht sogar zu gebrauchen ist. Das ist die eine Seite der Teichanlage mit Wasserfall.
Die andere besteht in den Vorbereitungen: Der künftige Teich wird mit Schnur und Pflöcken in seinen Umrissen festgelegt und der Platz für den Hügel bestimmt. Am besten liegt er in einer Gartenecke, die bereits mit Gehölzen bepflanzt ist. Bietet sich eine solcher Platz nicht an, plant man Fläche für möglichst hohe und dichte Büsche ein. Ziel ist es, die Rückseite des Hügels und damit die Künstlichkeit der Anlage möglichst gut zu verstecken. Das gelingt mit Bepflanzung erheblich besser als z. B. mit Sichtschutzwänden oder einer Gartenmauer.
Sind die Plätze festgelegt und abgesteckt, kann die Holzkonstruktion gebaut werden, die in dem Hügel steckt. Zunächst setzt man die Einfassung aus Palisaden. Die Rundhölzer sind unterschiedlich lang, damit die Rundung des Hügels modelliert werden kann. Für die niedrige, äußere Einfassung genügen niedrige Halbpalisaden (Rollboard), die bereits mit Draht und Krampen verbunden sind. Gleich lang und mit ca. 15 cm Durchmesser sehr solide sind die Palisaden in der Mitte, an denen die Wassertreppe ansetzt. Sie werden mit einer Leiste verbunden, die gleichzeitig Auflage für die oberste Stufe ist. Links und rechts dieser geraden Reihe werden, in der Höhe abgestuft und nach unten abfallend, Palisaden in gleicher Stärke eingesetzt.
Die Stufen selbst werden nun mit druckimprägnierten Kanthölzern gebaut. Maß für den Abstand der Stufen ist die Tiefe der Sandsteinplatten. Sie sollen möglichst voll aufliegen, nur an der Vorderkante bleibt ein Überstand von 5 bis 10 cm. Ist diese Konstruktion fertig, kann mit dem Aushub begonnen werden.
Die Erde wird zunächst schaufelweise zwischen die Hölzer geworfen, wird aber nach einer Schichtdicke von etwa 20 cm mit einem breiten Stampfer etwas verdichtet, damit sie später nicht zu sehr sackt. Alternativ ist es auch möglich, den Boden gründlich zu wässern – auch dann setzt er sich ausreichend.
Auf die ausgefüllten Stufen wird dann ein breiter Streifen Teichfolie gelgt, der seitlich wie eine Rinne hochgefaltet und mit kleinen Steinen beschwert wird. Die Folie der Wassertreppe soll so lang sein, daß sie 30 bis 40 cm ins Teichbecken reicht. So müssen die beiden Stücke nicht miteinander verschweißt werden. Während der Teichrand in diesem Bereich angelegt wird, klappt man das überstehende Stück hoch.

Steinen und der Erde guten Halt.

__Die Rückwand__ der Wassertreppe ist aus dicken Palisaden gebaut. Sie stehen etwa zu einem Drittel ihrer Länge im Boden und sind durch eine Leiste verbunden.

__Mit abgestuften Palisaden__ wird die Form des Hügels angedeutet. Das Ende der Wassertreppe mit dem Zollstock ausgehend von der Auflageleiste der ersten Stufe ermitteln.

__Aus Kanthölzern__ und Palisaden baut man die Treppenstufen. Die Hölzer werden mit Schlüsselschrauben verbunden. Dafür wird vorgebohrt und mit dem Topfbohrer angesenkt.

__Der Teichaushub__ kann sofort zwischen die Hölzer der Stützkonstruktion geschüttet werden. Zwischendurch wird mit Richtscheit und Wasserwaage das Uferniveau kontrolliert.

Die Teichfolie ist sehr locker über die Stufen gebreitet und mit Feldsteinen beschwert. Die Ränder werden hochgeklappt und zwischen Steinen wie eine Rinne fixiert.

Starke Pumpen für den Kreislauf

Eine Pumpe im Teichbecken fördert das Wasser zur obersten Sandsteinplatte, auf der der Wasserfall entspringt. Dort ist zwischen Steinen das Ende des Zuführungsschlauches versteckt, der neben dem Wasserfall flach in die Erde eingegraben und nach oben geführt wird.
Um eine Pumpe zu finden, die stark genug für die erforderliche Wasserbewegung ist, ermittelt man die Breite des Wasserfalls. Auf 20 cm rechnet man eine Pumpenleistung von 30 l/min. Da der Wasserfall schöner aussieht, wenn er nicht ganz ebenmäßig breit ist und deshalb mit Feldsteinen oder Sandsteinabschnitten ab und zu verengt wird, ermittelt man ein Durchschnittsmaß.

Die Sandsteinplatten werden von unten beginnend auf den Stufen verlegt. Paßt die Größe noch nicht genau, kann man sie mit einem 1-kg-Hammer zurichten.

Mit Fertigmörtel vermauert man die Stufenplatten. Damit der Mörtel in der Farbe dem Sandstein angeglichen ist, wurde er mit Fugenbunt im passenden Ton gemischt.

zum störungsfreien Dauerläufer.

__Die Pumpe__ wird nahe beim Wasserfall installiert. Sie steht auf ganz ebener Fläche. Der Schlauch wird in den Falten der Teichfolie und neben der Wassertreppe geführt.

__Mit fertiger Teicherde__ ist die durch Steine eingegrenzte Sumpfzone des Teiches gefüllt. Wer Mutterboden vom Aushub verwenden will, versetzt ihn mit Bentonit.

__Grassoden,__ die beim Aushub übriggeblieben sind und zur Seite gelegt wurden, eignen sich gut, um hochstehende Folienkanten an Teich und Wassertreppe zu verstecken.

__Probelauf:__ Der Wasserfall wird in Gang gesetzt, sobald der Teich gefüllt ist. Einige Pumpen lassen sich regulieren, so daß die Fließgeschwindigkeit verändert werden kann.

Wasserspiele im Quadrat:

Fertigteich und Steinplatten

Kontraste kennzeichnen den kleinen Zierteich, der mit quadratischen Betonplatten eingefaßt ist und Platz für einen Wasserfall sowie ein Fontäne bietet.

Mit Fertigbecken lassen sich kleine Zierteiche am besten bauen, denn es ist nicht nötig, die Böschungen der Teichmulde zu terrassieren, die Folie zu verschweißen und die Randbefestigungen fachgerecht auszuarbeiten. Am einfachsten geht es mit einem quadratischen Becken wie diesem, für das die Mulde ganz exakt passend ausgehoben werden kann.
Der Erdaushub, der dabei abfällt, wird zum Aufschütten eines kleinen Hügels verwendet, auf dem die Stufen einer Wassertreppe liegen. Abgestimmt auf die strenge Form des Beckens ist auch die Einfassung mit Betonplatten. Das lebendig sprudelnde Wasser und die Pflanzen rund um den Zierteich stehen dazu in interessantem Kontrast.
Am besten paßt der kleine Zierteich in die Nähe der Terrasse oder des Sitzplatzes, wo er zum dicht bepflanzten Teil des Gartens überleitet. Die Sträucher und Stauden an zwei Seiten deuten das an.
Da der Teich ausschließlich dekorative Funktion hat und kaum bepflanzt ist, kann die Fontäne so groß sein, daß sie die ganze Wasserfläche mit ihrer Wurfweite ausfüllt. Ist der Hintergrund mit blühenden Büschen bepflanzt, sollten die Wasserstrahlen aber nicht sehr filigran sein. Sie wären sonst kaum zu erkennen. Nur bei einer Bepflanzung mit ausschließlich grünen Gehölzen wie Buchsbaum, Wacholder oder Lebensbäumen können feinere Wasserbilder gewählt werden.

__Betonplatten__ in zwei Farben rahmen das Teichbecken ein. Helles und dunkles Grau passen gut zum himmelblauen Fertigbecken.

__Teichschalen__ gibt es in vielen verschiedenen Größen, die entsprechend dem vorhandenen Platz ausgesucht werden sollten.

Betonplatten mit gleicher Oberfläche sind in unterschiedlichen Formaten zu haben.

Der Einbau des **Fertigbeckens** ist auch

Im Querschnitt sind der Hügel aus Aushub, Pumpe, Fontäne und Schlauchführung gut zu erkennen.

Die Wasserwaage spielt beim Beckeneinbau die wichtigste Rolle

Wenn der Platz für den Zierteich gefunden ist, wird genau abgesteckt, wie das Becken plaziert werden soll. Pflöcke markieren seinen Rand. Rund herum wird ein Streifen für die Einfassungsplatten gekennzeichnet, der nur spatentief ausgehoben werden muß.
Die Tiefe der Teichmulde ergibt sich aus der Beckentiefe plus etwa 30 cm. Dieser Platz wird für die Auskleidung der Mulde mit Sand gebraucht. Schon beim Ausheben der Grube sind eine Latte und die Wasserwaage wichtige Hilfsmittel, denn das Becken muß exakt gerade liegen. Der gewachsene Boden wird mit einem breiten Stampfer leicht verdichtet, dann verteilt man die Sandschicht darauf und verfestigt auch sie noch einmal. Die stabile Grundlage ist Voraussetzung dafür, daß sich das Beckens durch das Gewicht des Wassers später nicht absenkt.
Auch an den Seiten wird die Teichgrube etwa 30 cm größer ausgehoben, denn die Kunststoffschale soll überall von einer Sandschicht umgeben sein. So besteht nicht die Gefahr, daß sie durch Steine oder Wurzelreste beschädigt wird. Außerdem liegt sie in dem Bett aus feinem Sand besser als im gewachsenen Boden, der immer unterschiedlich verdichtet ist.
Wenn das Becken eingesetzt ist, füllt man von den Seiten her schaufelweise Sand ein. Er muß alle Fugen füllen und wird deshalb wie beim Pflastern mit viel Wasser eingeschlämmt. Je breiter und weicher der Wasserstrahl, desto besser, denn dann kann kein Sand in das Becken gespült werden.
Ebenfalls gestampft, mit Sand gefüllt und verdichtet wird der Randstreifen, auf dem die Platten liegen. Sie sehen bei einer so geometrischen Anlage nur gut aus, wenn sie genau waagerecht ausgerichtet sind und auch dauerhaft gerade liegen. Die Wurzeln von Gehölzen in der Nähe werden im Bereich des Pflasters abgestochen, damit sie nicht weiterwachsen und die Platten nach ein paar Jahren hochdrücken.
Feiner Fugensand ist für die Einfassung nicht notwendig – die Platten werden so dicht auf Stoß gelegt, daß keine Zwischenräume bleiben.
Wenn unterschiedlich farbige Platten verwendet werden, ist eine Legeprobe sinnvoll, um verschiedene symmetrische Muster auszuprobieren.

ohne Helfer möglich.

Die Teichgrube wird ausgehoben und das Becken probeweise eingesetzt. Mit der Wasserwaage kontrollieren und nacharbeiten.

Grassoden, die beim Aushub anfallen, werden sauber abgestochen und zur Seite gelegt. Sie werden für die Ränder gebraucht.

Mit Sand kleidet man zunächst den Boden, dann die Seiten der Teichgrube aus. Zum Schluß den Randstreifen auffüllen.

Die Beckenposition muß nach dem Einsetzen noch einmal sorgfältig geprüft werden. Dann wird der Sand mit einer Latte festgestampft.

Wasser kann eingelassen werden, wenn das Becken richtig steht. Zunächst nur zur Hälfte füllen und die Position noch einmal prüfen.

Die ersten Platten legt man an einer Ecke. Sie stoßen dicht aneinander und sollen etwas über den Beckenrand hinausragen.

Der Wasserschlauch läßt sich zwischen zwei Winkelplatten unsichtbar nach oben in den Erdhügel führen.

Die Stufen der Wassertreppe werden von unten nach oben aufgebaut. Dabei immer wieder Erde und Sand unterfüttern.

Das Schlauchende wird unterhalb der obersten Stufe nach außen geführt. Die Setzstufe ist deshalb geteilt.

Setzstufen als Maßanfertigung

Betonplatten mit Granitoberfläche werden auch für die Wassertreppe verwendet. Gebraucht werden vier quadratische Platten sowie acht halbformatige, die jeweils außen eingebaut werden. Als einzige Elemente gibt es die Setzstufen nicht fertig zu kaufen. Sie wurden beim Steinmetz als 6 cm breite Streifen aus dem Plattenmaterial zugeschnitten. Betonplatten lassen sich mit einer geeigneten Trennscheibe zwar auch selbst teilen, doch es ist schwierig, die Kanten so gerade zu schneiden, wie es bei dieser Konstruktion notwendig ist.

Die Wassertreppe beginnt an einer Ecke des Beckens und ragt mit der untersten Stufe weit über. Damit der Wasserschlauch von der Pumpe zum Anfang der Treppe nach oben geführt werden kann, wurde hier eine Eckplatte der Einfassung weggelassen. Der Aufbau der Treppe erfolgt von unten nach oben. Die erste Stufe wird gelegt, die Setzstufe darauf in die richtige Position gestellt. Sie hält sich dort durch ihr eigenes Gewicht. Nun wird von hinten weitere Erde aufgefüllt, für die nächste Stufe glattgezogen und festgestampft. Bis zur letzten Setzstufe wird so weitergearbeitet. Diese letzte Stufe ist geteilt, damit der Schlauch in der Mitte wieder nach außen geführt werden kann. Das leicht hervorstehende Schlauchende wird von der obersten Treppenstufe verdeckt, die wie die anderen 2 bis 3 cm überkragt.

Die Fugen an den Stoßstellen der Platten und zwischen Stufen und Setzstufen müssen zum Schluß mit farblosem oder weißem Silikon ausgespritzt werden, damit das Wasser nicht in den Boden versickert. Auch die Fugen der Einfassungsplatten werden so geschlossen.

Die Randplatten *der Treppenstufen sind leicht nach innen geneigt verlegt. So fließt das Wasser nicht nach außen ab.*

Die Fugen *zwischen den Betonplatten werden mit Silikon geschlossen. Geeignet ist farbloses oder weißes Silikon.*

Die Technik für den Zierteich

Für die beiden Wasserspiele im Teich werden zwei Pumpen gebraucht: eine für die Wassertreppe und eine für die Fontäne. Dazu kommen die Springbrunnendüse mit einer Verlängerung (der Düsenkopf muß sich kurz über der Wasseroberfläche befinden), die Schläuche, Schellen zur Schlauchbefestigung und ein Drehzahlsteller zur Regulierung der Fontäne. Die Pumpen werden mit Stecker anschlußfertig geliefert. Damit die Kabel nicht zu sehen sind, klammert man sie zusammen und führt sie neben dem Wasserschlauch nach außen.

Die dunklen Platten *geben dem Teich einen grafischen Reiz. Statt Schwarz können auch andere Kontrastfarben gewählt werden.*

Die Springbrunnendüse *läßt sich direkt auf die Pumpe setzen und leicht gegen solche mit anderen Wasserbildern austauschen.*

Drei Becken für Pflanzen

Die drei Becken haben 55, 45 und 35 cm Höhe. Der Sitzplatz liegt weitere 10 cm tiefer.

Konstruktionshölzer *aus Western-Red-Cedar-Holz (von Natur aus imprägniert) oder druckimprägnierte Hölzer sind ideales Baumaterial.*

Die Schnittkanten *werden mit einer Kappsäge oder dem Fuchsschwanz sauber geschnitten und glatt geschliffen.*

und fließendes Wasser

Mit wenig Aufwand an Material und Arbeit ist der kleine Stufenteich gebaut, in dem eine Pumpe das Wasser in Bewegung hält.

Drei rechteckige Mörtelwannen und fein profilierte Konstruktionshölzer, dazu eine Teichpumpe und ein paar Meter Gartenschlauch sind alles, was für den Stufenteich gebraucht wird. Die Hölzer sind so perfekt bearbeitet, daß sie nur auf Länge bzw. auf Gehrung zugeschnitten werden müssen, die Wannen aus dem Baustoffhandel werden so eingesetzt, wie sie sind.
Mit einem Raumbedarf von 1,7 qm paßt der Teich mühelos auf den Balkon oder die Terrasse. Die Maße bei dieser Anlage (Kantenlänge 130 cm) richten sich nach der Größe der Wannen und können entsprechend abgewandelt werden.
Im Winter kann der Stufenteich im Haus untergebracht werden: Die Wannen werden geleert, die Pflanzen in Wassereimer gesetzt und an einen hellen, kühlen Platz gestellt. Der Rahmen läßt sich hochkant im Keller oder in der Garage verstauen.

Mit Schlüsselschrauben sind die Rahmenhölzer verbunden. Damit sie sich nicht ins Holz ziehen, verwendet man Unterlegscheiben.

Als Innenaufteilung dienen Leisten, die mit schräg eingesetzten Schrauben von innen mit den Verkleidungsbrettern verbunden sind.

Schraublöcher werden vorgebohrt und mit einem größeren Bohrer angesenkt, damit die Schraubenköpfe nicht vorstehen.

Schlauchstücke werden knapp unterhalb der Oberkante in die beiden oberen Wannen eingesetzt. Verkleidung sind durchbohrte Hölzer.

Farbenprächtige Natur: die

Pflanzen am Gartenteich

Unter allen Pflanzen machen die, die in der feuchten Erde der Sumpfzone oder im tiefen Wasser wachsen, am wenigsten Probleme, denn sie sind robust und blühfreudig.

In verschiedenen **Tiefenzonen** können

Die Terrassen an der Böschung des Teichs sind leicht zu bepflanzen

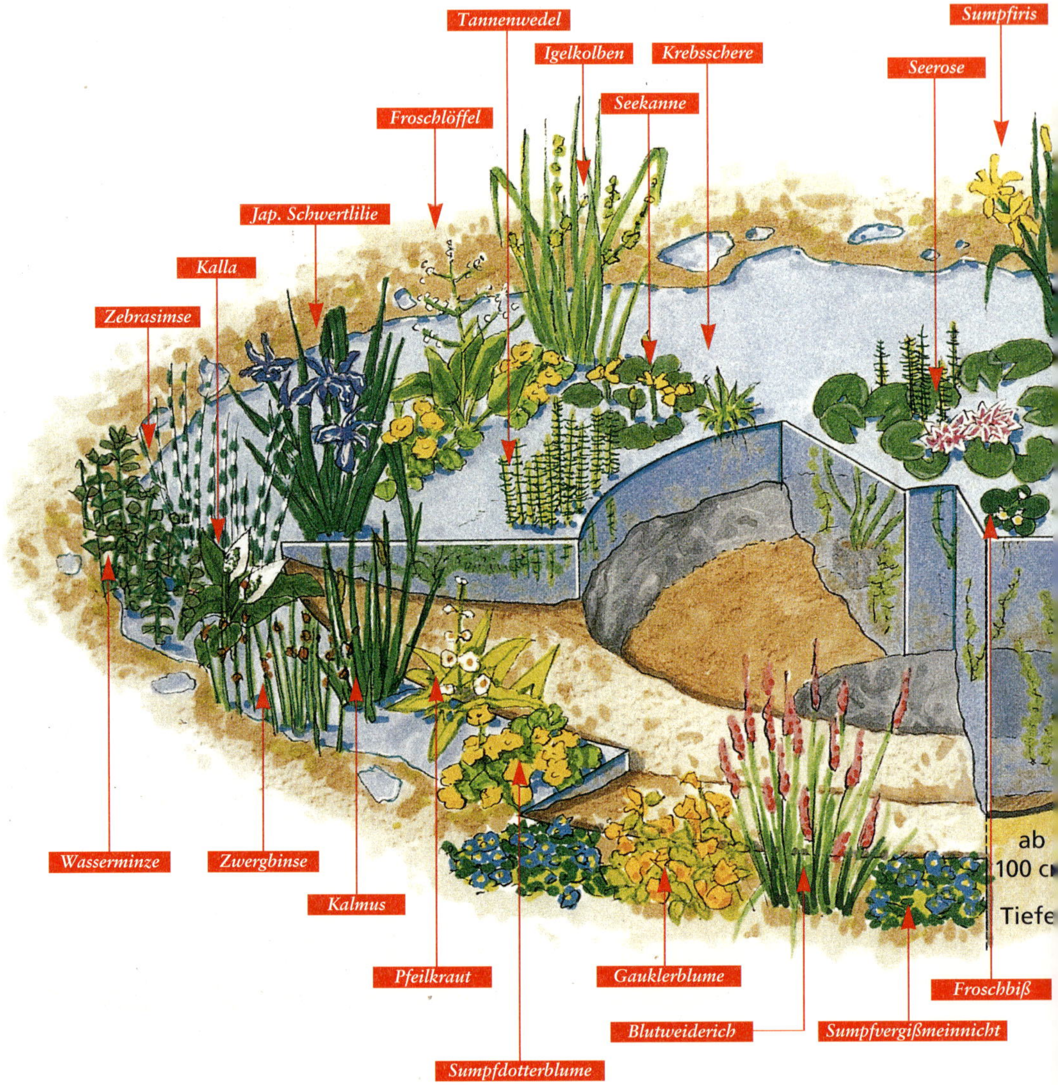

Die ideale Form der Teichmulde läßt sich grob in Drittel aufteilen: Ein Drittel der künftigen Wasserfläche sollte für die höchstens 30 cm tiefe Sumpfzone vorbehalten sein, ein Drittel für die sehr sparsam bepflanzte Tiefenzone (mindestens 80 cm), das letzte Drittel verteilt sich auf die dazwischenliegenden Pflanztiefen. Wie die Terrassen angelegt werden, hängt unter anderem von dem Blickwinkel ab, aus dem der Teich am besten zu sehen ist. Da die Sumpfzone am dichtesten bewachsen ist, legt man sie zum größten Teil an dem Ufer an, der dem Standort des Be-

fast alle Sumpf- und Wasserpflanzen wachsen.

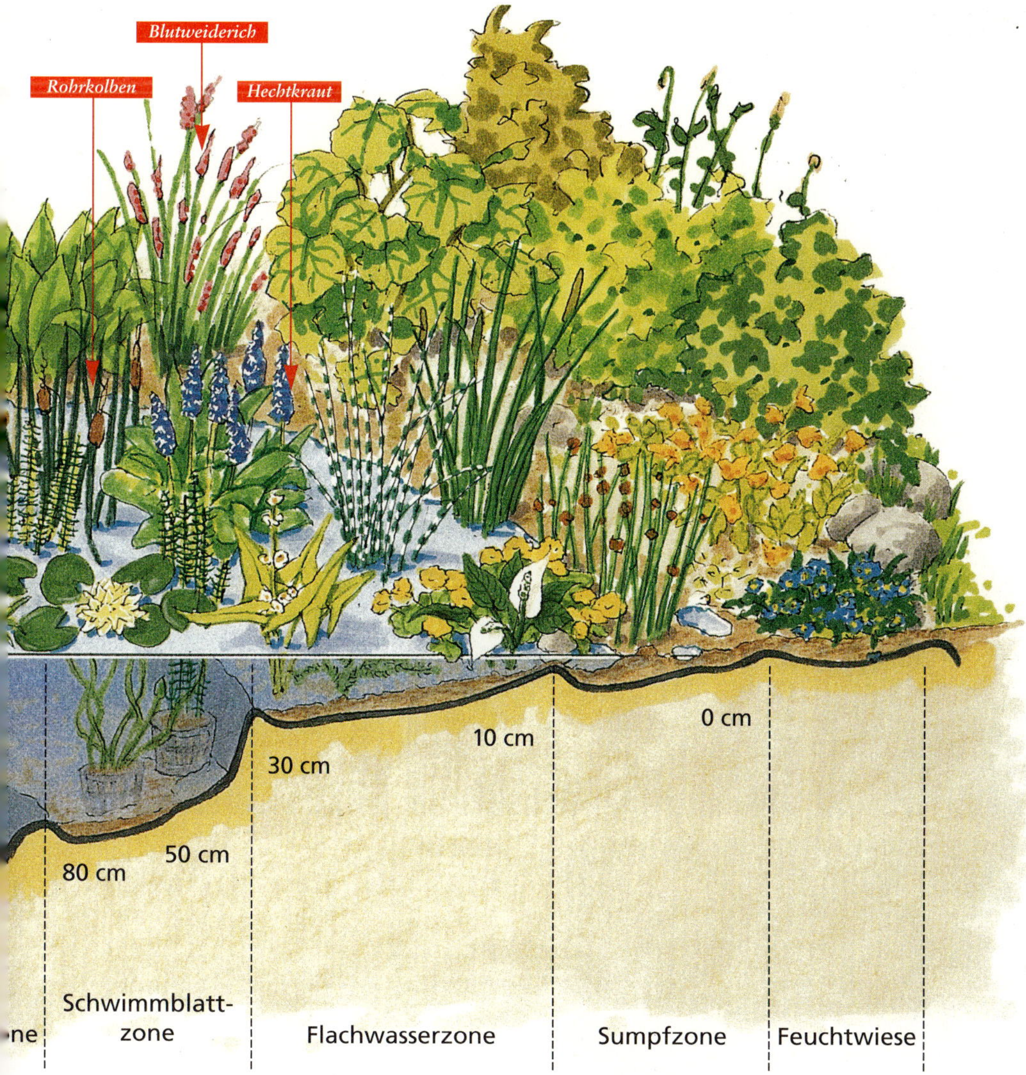

trachters gegenüberliegt. An dem am nächsten liegenden Ufer fällt die Böschung dagegen relativ steil ab, und der Blick auf die Wasserfläche bleibt frei.
Beim Ausheben der Teichmulde sollte man die Terrassen ganz stark ausformen, eventuell sogar etwas nach außen abfallend modellieren oder mit einem kleinen Wall abgrenzen. So wird es später leichter, die Pflanzen zu setzen, und es besteht nicht die Gefahr, daß die Erde von den Stufen in die Tiefenzone geschwemmt wird. Nachträglich lassen sich Abgrenzungen mit Steinen am Rand der Terrassen schaffen.

1

2

3

4

5

6

7

Zunächst nur sparsam pflanzen

Alle Sumpf- und Wasserpflanzen wachsen sehr schnell, wenn sie einmal Fuß gefaßt haben. Deshalb sollte man den Teich zunächst nur sparsam bepflanzen, auch wenn es im ersten und zweiten Jahr noch etwas kahl aussieht. Welche Pflanzen in den eigenen Teich passen, läßt sich am besten nach Bildern entscheiden. Hier eine Auswahl von sehr robusten und winterharten Sumpf- und Wasserpflanzen. Hechtkraut *Pontederia cordata* (1 und 13), Seerose *Nymphea in Sorten* (2 und 8), Sumpfiris *Iris pseudacorus* (3), Sumpfcalla *Calla palustris* (4), Flechtbinse *Scirpus lacustris* (5), Gauklerblume *Mimulus luteus* (6), Goldfelberich *Lysimachia thyrsiflora* (7), Sumpfdotterblume *Caltha*

auch in kleinen Teichen.

8

9

10

11

12

palustris (9), Krebsschere *Stratiotes aloides* (10), Mädesüß *Filipendula ulmaria* (11 und 17), Rohrkolben *Typha* (12 und 19), Wasserdost *Eupatorium* (14), Blutweiderich *Lythrum salicaria* (15), Pfeilkraut *Sagittaria sagittifolia* (16), Schachbrettblume *Fritillaria meleagris* (18).
Eine wichtige Ergänzung dieser Stauden sind Unterwasserpflanzen. Einige von ihnen wurzeln im Boden, andere schwimmen frei. Gemeinsam ist ihnen ihre ökologische Funktion: Sie produzieren Sauerstoff, geben Mikroorganismen Lebensmöglichkeiten (und helfen damit, das Wasser klar zu halten) und bieten Jungfischen Unterschlupf, oft verdrängen sie auch Algen durch ihre Dichte.

13

14

15

16

17

18

19

Gruppiert nach Farbe und Größe

Wie im Staudenbeet werden die Pflanzen am Teich nach Blütenfarbe, Blühzeit und Wuchshöhe gruppiert und so angeordnet, daß sie einander nicht verdecken und daß rund um den Teich immer etwas Farbe zu sehen ist. Um dieses Ziel zu erreichen, ist gute Planung auf dem Papier notwendig. Die Liste mit gewünschten Pflanzen liegt dann bereits vor. Sehr hilfreich ist auch die Beratung in der Gärtnerei, bei der besonders die empfohlenen Pflanzabstände erfragt werden sollten. So läßt sich nämlich vermeiden, daß sehr viel mehr Pflanzen angeschafft werden, als der Teich faßt. Ein großer Teil davon müßte im nächsten Jahr wieder herausgenommen werden, weil nichts mehr von der Wasserfläche zu sehen ist.

Entscheidend für die Verteilung der Pflanzen ist die Perspektive, aus der der Teich am häufigsten betrachtet wird. Eine Gruppe von großen Rohrkolben in der Flachwasserzone würde Schachbrettblumen im Sumpfbereich vollständig verdecken, wäre aber mit dem hohen Mädesüß gut zu kombinieren, wenn die Blickrichtung über die Wasserfläche ans gegenüberliegende Ufer führt. Andererseits sind Schachbrettblumen nahe am Standort des Betrachters hervorragend zu sehen und vertragen das Grün der Rohrkolbenblätter gut.

Die meisten Sumpf- und Wasserpflanzen lieben die Sonne. Da viele sehr hoch werden und entsprechend viel Schatten werfen, müssen sie so angeordnet werden, daß andere Blüher nicht von ihnen beeinträchtigt werden. Auch das ist im Pflanz-

viel Arbeit und Geld.

Wasserpflanzen					
Tiefenzone	**Wassertiefe**	**Wasserpflanzen**	**Blütezeit**	**Standort Sonne, ½ Sonne**	**Wuchshöhe**
0 cm		Blutweiderich/Lythrum salicaria	VI — VIII	○	100 cm
		Gauklerblume/Mimulus luteus	V — VIII	○ ◐	30 cm
		Sumpfvergißmeinnicht/Myosotis palustris	V — VIII	○	30 cm
10–5 cm	10	Kalmus/Acorus calamus	VI — VII	○ ◐	70 cm
	10	Sumpfkalla/Calla palustris	V — VII	○ ◐	20 cm
	10	Sumpfdotterblume/Caltha palustris	III — V	○ ◐	30 cm
	10	Goldfelberich/Lysimachia punctata	VI — VIII	○ ◐	30 cm
	5	Wasserminze/Mentha aquatica	VI — VIII	○	60 cm
	10	Fieberklee/Menyanthes trifoliata	V - VI	○ ◐	30 cm
	5	Wollgras/Eriophorum angustifolium	IV — V	○	30 cm
	10	Jap. Schwertlilie/Iris kaempferi	VI — VII	○	70 cm
	10	Zwergbinse/Juncus ensifolius	VI — VIII	○	30 cm
20 cm	20	Froschlöffel/Alisma plantago-aquatica	VI — IX	○ ◐	70 cm
	20	Schwanenblume/Butomus umbellatus	VI — VIII	○ ◐	80 cm
	20	Sumpfsegge/Carex gracilis	VI — VII	○ ◐	20 cm
	20	Wasserfeder/Hottonia palustris	V - VII	○	30 cm
	20	Froschbiß/Hydrocharis morsus-ranae	VII — VIII	○ ◐	5 cm
	20	Sumpfiris/Iris pseudacorus	VI — VII	○ ◐	80 cm
30 cm	30	Hechtkraut/Pontederia cordata	VII — VIII	○	60 cm
	30	Wasserhahnenfuß/Ranunculus aquatilis	VI — VIII	○	
	30	Zungenhahnenfuß/Ranunculus lingua	VI — VIII	○	80 cm
	30	Pfeilkraut/Sagittaria sagittifolia	VI — VII	○ ◐	50 cm
	30	Zebrasimse/Scirpus tabernaemontani	VI — VIII	○ ◐	150 cm
	30	Igelkolben/Sparganium erectum	VI — VII	○ ◐	80 cm
	30	Kleiner Rohrkolben/Typha minima	VI — VIII	○	
50–40 cm	40	Goldkolben/Orontium aquaticum	V - VI	○ ◐	80 cm
	40	Pestwurz/Petasites hybridus	III - V	○ ◐	60 cm
	50	Tannenwedel/Hippuris vulgaris	V — VIII	○	40 cm
	50	Seekanne/Nymphoides peltata	VII — IX	○	5 cm
	50	Seerose/Nymphaea „Escarboucle"	V — IX	○	
80–60 cm	10–60	Nadelsimse/Eleocharis acicularis		○ ◐	
	60	Laichkraut/Potamogeton natans	VI — IX	○	200 cm
	80	Seerose/Nymphaea „Colonel A.J.Welch"	V — VIII	○	
	80	Seerose/Nymphaea odorata „Rosennym."	V — IX	○	
200 cm	30–100	Krebsschere/Stratiotes aloides	VI — VIII	○	25 cm
	100	Kleine Teichrose/Nuphar pumila	VI — VIII	○ ◐	

plan zu berücksichtigen. Was die Blütenfarben angeht, so lassen sich eigentlich alle miteinander kombinieren. Gelb, Cremeweiß, Blau- und Lilatöne herrschen vor, klares Rot oder Orange gibt es fast gar nicht, außer bei Seerosen, die es in allen Farben gibt. Da sie meist in der Mitte des Teichs einzeln stehen, spielen sie eine Sonderrolle und müssen nicht unbedingt in den Pflanzplan einbezogen werden.

Brücken und Stege,

Dicke Taue als Geländer geben der Brücke maritimen Charakter. Wenn das nicht zum Stil des Gartens paßt, werden Kanthölzer eingesetzt.

Die Holme werden mit Hilfe einer Schablone zugeschnitten. So bekommen beide exakt den gleichen leichten Schwung.

Die Bodenbretter werden vorgebohrt und mit 1,5 cm Abstand voneinander aufgeschraubt. Jedes Brett hat pro Seite zwei Schrauben.

die über das Wasser führen

Bachläufe und Teiche gliedern den Garten und teilen ihn. Stege, Brücken und Trittsteine stellen die Verbindung wieder her.

Ein Bachlauf kann noch so schmal sein, er ist ein Hindernis auf dem Weg durch den Garten. Oder ein willkommener Anlaß, einen attraktiven Übergang zu schaffen. Wie die leichte, geschwungene Holzbrücken, die auf Betonfundamenten am Ufer aufliegt und an einem Wochenende selbst zu bauen ist.
Gebaut wurde sie aus druckimprägniertem Kiefernholz – zwei Trägerbalken (4 × 19 cm), sechs Pfosten (4 × 5 cm) und 18 Bodenbrettern (13 × 3,5 cm), die mit 1,5 mm Abstand voneinander aufgeschraubt werden. Die Pfosten sind oben durchbohrt, damit das dicke Tau, eine maritime Alternative zum festen Geländer, durchgeführt werden kann.
Die Spannweite der Brücke beträgt knapp 2 m. Wird eine größere Breite gebraucht, müssen die Kanthölzer entsprechend stärker gewählt werden. Auf den leichten Bogen, der mit Hilfe eines langen Streifens Hartfaserpappe oder Sperrholz geformt und mit dem Bleistift auf das Holz gezeichnet wird, sollte man auch dann nicht verzichten.

Die Hanftaue lassen sich leicht durch die mit dem Forstnerbohrer gebohrten Löcher ziehen. Der Durchmesser hier: 35 mm.

Die Geländerpfosten sind mit Nagelblechwinkeln und Schrauben befestigt. Angrenzende Bodenbretter wurden ausgeklinkt.

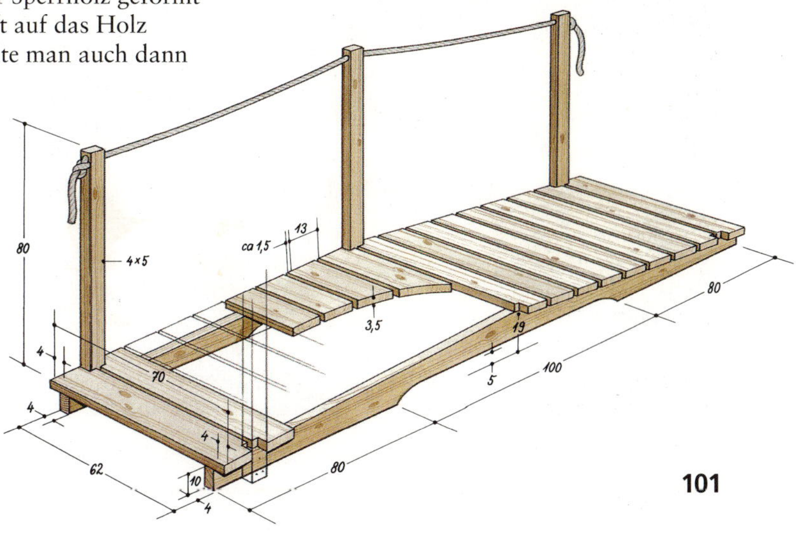

Der Bachlauf unter dieser Brücke darf 1 m breit sein: Mehr Spannweite ist nur möglich, wenn stärkere Kanthölzer verwendet werden. Die Gesamtlänge beträgt 260 cm.

Vorsichtig über **Trittsteine** zu balancieren

Breite Feldsteine, Naturstein-Wegeplatten oder Betonriegel, die zur Terrasse passen: drei Wege über Wasser.

Runde Steine auf einem Damm

Kinder lieben es, sich einen Überweg über den Bach oder Tümpel aus ungleich großen Steinen zu bauen oder auf zufällig entstandenen Wegen dieser Art zu balancieren. Den Spaß daran haben oft auch Erwachsene. Mit ein bißchen mehr Sinn für Sicherheit allerdings und mit der Möglichkeit, natürlich scheinende Wege dieser Art solide anzulegen.

Am sinnvollsten ist es, schon beim Ausheben der Teichmulde einen Damm vorzusehen, auf dem die möglichst runden Steine liegen können. Er sollte links und rechts 10 bis 20 cm breiter sein als die Steine und so abgefangen werden, daß die Erde nicht ins Rutschen kommen kann.

Damit die Folie durch die Natursteine nicht beschädigt wird, legt man polsterndes Geovlies als Zwischenlage darunter. Entweder für jeden Stein ein Stück oder einen Streifen für den ganzen Weg.

Backsteine geben den Natursteinplatten ein gutes Fundament. Unebenheiten können mit Mörtel ausgeglichen werden.

Die Teichgrube *zeigt die Tiefenzonen und den Damm, der für den Übergang mit Trittsteinen stehengelassen wurde.*

Die Folie *wird ganz locker eingelegt und vorsichtig über die Terrassierungen gezogen, damit sie nirgends unter Spannung gerät.*

Der Trittsteinweg *sieht aus wie natürlich entstanden. Vom Damm ist selbst im frisch gefüllten Teich nichts mehr zu sehen.*

Der Steg aus **Bohlen** paßt gut zu einer Terrasse

Die leichte Alternative: Brettersteg auf Bohlen

Weniger massiv und sehr viel preiswerter, weil sparsamer im Materialverbrauch, ist der schmale Brettersteg, der als Trägerbalken nur zwei Kanthölzer braucht. Diese Träger halten enorm viel, wenn sie auf ihrer schmalen Seite liegen.
Als Fundament des leichten Stegs reichen zwei Gehwegplatten aus Beton aus. Auf ihnen werden die Trägerbalken festgeschraubt. Dann legt man die Bretter mit 5 bis 10 cm Überstand nach beiden Seiten auf. Sie werden auf jeder Seite zweimal vorgebohrt und mit rostfreien Schrauben befestigt. Wichtig sind die Abstände zwischen ihnen, durch die Regenwasser abfließen kann: Es sollten mindestens 0,5 cm sein.

aus Klinker oder Holz.

Fester Boden unter den Füßen

Dicke Bohlen sind geeignet, um Breiten bis 3 m zu überspannen. Sie liegen am besten auf Betonfundamenten, die an beiden Ufern in den Boden eingelassen werden. Die Bohlen werden einzeln verlegt und an beiden Enden im Beton verschraubt. Wenn die Hölzer auf gleiche Länge zugeschnitten sind, bohrt man sie vor, legt sie nebeneinander aus und bohrt bis in den Beton. Dann Dübel setzen und die Bohlen endgültig verschrauben. Um garantiert gleiche Abstände zu bekommen, legt man Distanzklötzchen vor dem Durchbohren zwischen die Hölzer.
Ein Steg dieser Art kann in beliebiger Breite gebaut werden – auch als Sitzplatz oder Liegefläche ist er attraktiv. Schön ist die Kombination mit einem Holzdeck als Terrasse oder einem gepflasterten Sitzplatz, der auf der anderen Seite als Pflasterweg fortgesetzt wird.
Als Baumaterial kommt praktisch jedes Holz in Frage. Wenn es unbehandelt ist, sollte man es auch auf der Unterseite mit einem imprägnierenden Anstrich schützen.

Ein solides Betonfundament trägt die schweren Bohlen, die miteinander durch eingeschobene Gewindestäbe verbunden sind.

Am Übergang *von der gepflasterten Terrasse soll es keine Stufe geben. Entsprechend muß das Fundament angelegt werden.*

Mit Wasserwaage *und untergelegter Richtlatte überprüft man das Niveau der Fundamente auf beiden Ufern.*

Die Kanthölzer *werden einmal probeweise ausgelegt, bevor man sie mit durchgeschobenen Gewindestäben verbindet.*

Stimmungsvolle Beleuch-

Wie Goldregen wirken die von unten angestrahlten Wassertropfen.

tung für den Gartenteich

Mit effektvoll plazierten Leuchten läßt sich die Wirkung des Gartenteiches enorm steigern. Sie sind einfach zu installieren und überall einsetzbar.

Mit Unterwasserleuchten, Scheinwerfern und Schwimmleuchten verschiedener Helligkeit stehen mehrere Beleuchtungssysteme zur Wahl, die sich gegenseitig ergänzen können. Kleine Lichter am Weg, Strahler am Fuß großer Bäume oder Lampen am Sitzplatz bilden zusammen mit der Teichbeleuchtung eine Einheit. Fast alle Modelle, selbst die Schwimmleuchten, lassen sich nämlich innerhalb und außerhalb des Wassers verwenden. Im Unterschied zu normalen Gartenleuchten sind die für den Wassergarten geeigneten absolut wasserdicht, außerdem entwickeln sie nur wenig Wärme, weil das für das Klima im Teich schädlich wäre. Die Scheinwerfer sind meist mit unterschiedlichen Ausstrahlwinkeln und Nennspannungen lieferbar. Sie können auch mit Farbscheiben bestückt werden, die es als Zubehör gibt.

Teichleuchten können direkt an die Springbrunnenpumpe angebaut werden, sie sind mit verstellbaren Stativen oder am Rand des Teiches mit Erdspieß aufstellbar. Neu sind schwimmende Pumpen mit integrierter Leuchte, die für ständig wechselnde Bilder sorgen. Wie sie treiben auch die Schwimmleuchten langsam auf der Wasseroberfläche.

Alle Leuchten werden anschlußfertig geliefert und müssen nur in die Gartensteckdose eingesteckt werden. [illegible] gibt [illegible] keine Probleme mit der Sic[illegible] auc[illegible] für Kinder [illegible] Garten

Lunaqua 2: ein kleiner Halogenscheinwerfer mit einstellbarem Ausstrahlwinkel.

Lunaqua 3: kleiner Unterwasserscheinwerfer zur Beleuchtung niedriger Fontänen

Lichtinseln sind ein Blickfang

Wer noch keine Erfahrung mit Garten- oder Teichbeleuchtung hat, sollte mit wenigen Lichtquellen beginnen. Das wichtigste sind natürlich die Leuchten, die einen praktischen Nutzen haben wie Weg- oder Hausbeleuchtung. Wenn die erste Teichleuchte installiert ist, schaltet man diese Lampen ebenfalls an, um einen Eindruck vom neu entstandenen Gesamtbild zu bekommen.

Ein gleichmäßig ausgeleuchteter Garten wirkt meistens langweilig. Viel interessanter sind Lichtinseln. Und als solche eignen sich Teiche besonders, weil sie mit Spiegelungen, Wasserbewegungen und den Schatten der Pflanzen abwechslungsreiche Bilder bieten. Neben dem beleuchteten Teich sollte es im Garten nur noch ein oder zwei ähnlich auffallende Inseln geben – weniger ist gerade bei der Beleuchtung meist mehr.

Lunaqua 5: Unterwasserscheinwerfer für kleine und mittelgroße Wasserspiele

Werden mehrere Lichtquellen eingesetzt, wie es z. B. bei Schwimmleuchten die Regel ist, nimmt man immer eine ungerade Zahl. Als Ergänzung sollte bestenfalls der Springbrunnen zusätzlich angestrahlt werden. Er hebt sich deutlich ab und wirkt wie ein Einzelstück.
Helligkeit und Strahlungswinkel können bei den meisten Teichleuchten stufenlos reguliert werden. Auch hier kann man mit geschickt abgestufter Lichtstärke Akzente setzen und verhindern, daß der Garten gleichmäßig ausgeleuchtet wird.
Schwimmleuchten haben meist anthrazit getöntes Glas und setzen dadurch angenehm schwache Lichtpunkte auf dem Wasser.
Bei Teichen direkt am Sitzplatz muß auch dessen Beleuchtung berücksichtigt werden, da die Spiegelung wie eine eigene Lichtquelle erscheinen kann.

Farbige Leuchten sparsam verteilen

Für Scheinwerfer gibt es als Zubehör Farbscheiben zum Aufsetzen in Rot, Blau, Gelb, Grün und Orange. Die Effekte, die damit erzielt werden, sind sehr auffallend, und deshalb sollte man mit ihnen sparsam umgehen. Geeignet ist farbige Beleuchtung für den Zierteich direkt an der Terrasse.

Kindersichere **Anschlüsse** und eine solide

Lunaqua Mini eignet sich für Zimmerbrunnen und Sprudelsteine. An die Steckerleiste lassen sich bis vier Leuchten anschließen.

Lunaqua 1 ist für Zimmerbrunnen gedacht. Die Leuchte hat einen Edelstahlfuß, kann aber auch mit Rohrklemme befestigt werden.

Gut versteckte Außensteckdosen

Scheinwerfer, Strahler und Schwimmleuchten werden anschlußfertig geliefert, d. h., sie sind mit langen Kabeln und Stecker versehen. Um sie zu betreiben, ist also eine Außensteckdose erforderlich.
In den meisten Gärten ist bereits eine Stromquelle, zumindest eine Steckdose am Haus vorhanden. Um aber lange Wege zu sparen, ist es sinnvoll, in der Nähe des Teiches weitere Außendosen für Licht und Pumpe zu montieren. Die Kabel vom Haus zu diesem Platz dürfen selbst verlegt werden, für den Anschluß ans Stromnetz muß ein Elektriker geholt werden. Am besten, der Kabelschacht ist noch offen und kann vom Fachmann abgenommen werden.
Die Dosen selber werden feuchtigkeitsgeschützt an einem niedrigen Pfosten angebracht. Alternative ist eine fertige Steckdosensäule (meist aus Aluminium) mit zwei

An die Steckerleiste mit 3 Meter Kabel und SL-Stecker für den Trafo können bis zu vier Leuchten angeschlossen werden.

bis vier Anschlußmöglichkeiten. In beiden Fällen sollte der Platz gut zugänglich, vielleicht von Pflanzen verdeckt sein. Die Kabel, die von dort zu Scheinwerfer und Pumpe führen, können zwischen Pflanzen oder in einem Graben verlegt werden. Zur Sicherheit bedeckt man das Kabel in diesem Fall mit flachen Steinen.
Die stärksten Unterwasserscheinwerfer werden mit einer Nennspannung von 230 Volt geliefert.
Schwimmleuchten und kleine Halogenleuchten haben eine Nennspannung von 12 Volt. Sie sind mit Trafo und oft mit einer Steckerleiste zum Anschluß mehrerer Leuchten erhältlich. Zur Befestigung von Unterwasserscheinwerfern an der Springbrunnenpumpe gibt es verschiedene Möglichkeiten: Angeboten werden Klemmen, die an der Düsenverlängerung Halt haben, oder Scheinwerferhalter, die unten an der Pumpe montiert werden. Unterwasserscheinwerfer haben einen Fuß, der an der vorgesehenen Halterung zu befestigen ist. Scheinwerfer, die im Teich oder außerhalb verwendet werden, können mit der Fußplatte auf ebenem Grund verschraubt oder mit dem mitgelieferten Erdspieß zwischen Pflanzen ins Beet gesetzt werden. Schwimmleuchten haben unten ein scheibenförmiges Gewicht, das auch als Befestigungsplatte benutzt werden kann.
Die 12-Volt-Minileuchten, die für Zimmerbrunnen oder Sprudelsteine gedacht sind, gibt es mit Standfuß oder Klemme zur Befestigung an Springbrunnenpumpen. Sie müssen besonders gut hinter einer Pumpe, dem Beckenrand oder Wasserpflanzen versteckt sein, denn der kleine Teich ist meist von oben einsehbar.

Zum Lunaqua 2 Set 1 gehören der Scheinwerfer, ein Erdspieß, ein Scheinwerferhalter, der Schutztransformator ST 50 und 5 m Kabel.

Farbscheiben sind Zubehör für die Lunaqua-Scheinwerfer. Sie sind einzeln oder als 5er-Satz zu bekommen.

Wechselnder Standort, wechselnde Temperaturen

Viele Scheinwerfer können an wechselnden Standorten aufgestellt werden, ohne daß dadurch technische Probleme verursacht würden. Bei Unterwasserscheinwerfern, die als Strahler „an Land" eingesetzt waren, muß man aber in jedem Fall darauf achten, daß sie ganz ausgekühlt sind, ehe sie an ihren neuen Platz unter Wasser zurückkehren. Der starke Temperaturwechsel würde die Lampe zerspringen lassen.

Das selbstgebaute Modell:

Ein Meisterstück für Bastler und Modellbauer ist die Wassermühle, die bis ins Detail, vom Schaufelrad bis zu den Klappläden, liebevoll ausgestaltet wurde.

Spaß an der Spielerei oder Freude an der Bastelarbeit: Was eine größere Rolle spielt, zeigt sich erst, wenn die Mühle fix und fertig am Rand des Teichs oder Bachlaufs steht und das Schaufelrad sich unter dem durch eine Rinne fließenden Wasser unermüdlich dreht. Eine kleine Pumpe im Teich sorgt dafür, daß der Kreislauf in Gang bleibt.
Das 60 cm hohe Modell kann das ganze Jahr an seinem Platz bleiben, denn es ist absolut wetterfest. Baumaterial ist nämlich Red-Cedar-Holz, das über eine natürliche Imprägnierung verfügt. Schindeln, Wandbretter, Wasserrinne, Schaufelrad – alles kann unbehandelt bleiben. Das Mauerwerk im Erdgeschoß wurde durch zugeschnittene Flachverblender nachgeahmt, die in wasserfestem Fliesenkleber verlegt wie fachgerecht verfugt aussehen und ebenfalls Wind und Wetter aushalten.

Klappläden, Sprossenfenster und ein Steg, von dem aus der Müller den Wasserfluß mit einem Handrad regulieren kann: Die Wassermühle steckt voller liebevoll ausgetüftelter Details.

Wassermühle aus Holz

Mit ihrem schweren **Fundament** kann die

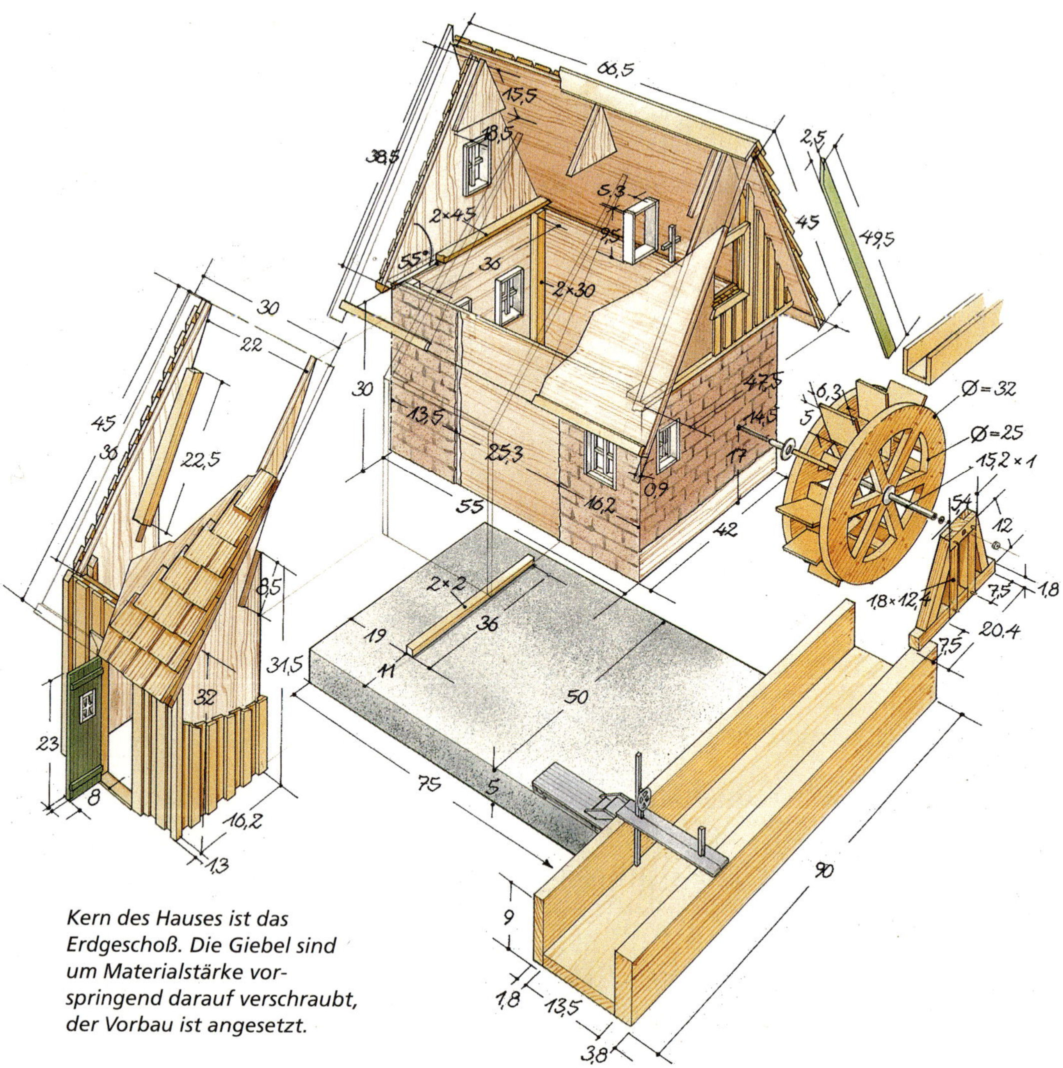

Kern des Hauses ist das Erdgeschoß. Die Giebel sind um Materialstärke vorspringend darauf verschraubt, der Vorbau ist angesetzt.

Gehwegplatte für das Fundament, Sperrholz für die Hauswände

Die schwere Grundplatte, auf der die Mühle befestigt ist, ist Gewicht und Isolierung gegen feuchten Boden in einem. Alle Materialien sind zwar wetterfest, den ständigen Bodenkontakt vertragen sie jedoch nicht. Und das Gebäude aus wasserfestem Sperrholz und Red-Cedar-Verkleidung ist zu leicht, um allein einem kräftigen Wind standzuhalten.

Wasserfest wie das Holz sind auch alle anderen Materialien, die für den Bau gebraucht werden: Holzleim (alle Holzverbindungen), Fliesenkleber (Mauerwerk), Farbe (z. B.Tür), Winkel für die Verbindung zwischen Haus und Fundament (verzinkt), Schrauben (Nirosta), Radachse (Alu-Rohr und Niro-Gewindestange), Scharniere (Messing).

Wassermühle den Platz wechseln.

Bretter und Kanthölzer *aus Western-Red-Cedar, aus denen die Leisten, Brettchen und Schindeln zugeschnitten werden, gibt es in verschiedenen Abmessungen.*

Fenster und Tür *werden auf die Sperrholzwände aufgezeichnet. Dann bohrt man die Löcher, in die das Stichsägeblatt eingesetzt wird, und schneidet die Öffnungen aus.*

Die Giebelwände *werden mit extra zugeschnittenen Brettchen verkleidet. Sie werden auf das Sperrholz geleimt und nach dem Aushärten schräg abgeschnitten.*

Mit Eckleisten *werden die Wandteile verbunden. Dazu die Leisten von zwei Seiten je zweimal vorbohren, Leim angeben und von innen an die Wände schrauben.*

Die Wasserrinne wird so an der Fundamentplatte befestigt, daß beide Teile unten bündig sind. Wichtig: Der Boden der Rinne hat ein leichtes Gefälle.

Material, speziell fürs Modell

Western-Red-Cedar-Holz gibt es inzwischen in vielen Größen und Stärken als Bretter verschiedener Stärke, Pfosten oder Kanthölzer. Da dieses Holz ausschließlich für Terrassen, Pergolen, Rankgitter und ähnliches verwendet wird, ist es meist in den Gartenabteilungen von Baumärkten oder im Gartenfachhandel zu finden.
Für den Modellbau sind die angebotenen Formate allerdings nur Rohmaterial, aus dem Leisten, Brettchen oder Schindeln zugeschnitten werden. Damit das mühelos geht, sollte man nur astfreie Hölzer mit gerade verlaufender Maserung kaufen.
Das Mauerwerk ist ebenfalls Maßanfertigung aus Flachverblendern, die mit einer kräftigen Schere gut zu schneiden sind.

Das Mühlenhaus wird mit verzinkten Winkeln auf der Fundamentplatte befestigt, sobald das Mauerwerk aus Flachverblendern und Fliesenkleber fertiggestellt und getrocknet ist.

Die Giebel stehen um Materialstärke vor. Sie werden mit Hilfe einer (vorgebohrten) Montageleiste von oben auf die Seitenwand geleimt und geschraubt.

aus Brettern selber hergestellt.

Die Dachschindeln *entstehen aus einem astfreien Holzklötzchen mit gerade verlaufender Maserung, von dem sie mit einem scharfen Stechbeitel abgespalten werden.*

Der Vorbau *wird fertig verbrettert und dann an das Haupthaus gesetzt. In die Schlitze, die eingesägt und mit der Feile geglättet sind, wird die Traufe des Daches eingeschoben.*

Für Radwangen *verleimt man mehrere Bretter zu einer Platte, zeichnet die Konturen auf und sägt die Form dann mit der Stichsäge aus. Die Kanten mit Schleifpapier glätten.*

Die Schaufeln *setzt man aus Leistenstücken zusammen: Leim angeben und mit einer Klemmzwinge fixieren. Dann werden sie auf die Innenseite einer Wange geleimt.*

Zum Schluß: liebevoll gestaltete Details

Mit Holznägeln *werden Radwangen und Schaufeln noch fester verbunden (von Leisten abgespalten). Vorbohren, Leim angeben, Nägel einschlagen und abkneifen.*

Leuchtende Farben *für Tür und Fenster, Windfedern und Steg geben dem Haus den letzten Schliff. Wird das Haus aus einfachem Nadelholz gebaut, muß es ganz gestrichen werden.*

Das Schaufelrad hält viel aus

Die schönen, soliden Wangen des Schaufelrads sind in einem Stück aus quadratischen Platten ausgeschnitten, die aus Zedernbrettern zusammengeleimt wurden. Für die Schaufeln werden Leistenabschnitte einfach rechtwinklig verleimt. Sie werden auf die Innenseite einer Wange geleimt, dann wird die andere Wange aufgelegt. Die Unterlegscheiben und das Alurohr, in dem die Achse läuft, sind bereits zu diesem Zeitpunkt eingesetzt. Dadurch sitzen die beiden Wangen genau parallel. Sobald der Lagerbock aus Quadratleisten gebaut ist, kann das Rad montiert werden.
Ganz zum Schluß entstehen auch der Steg mit zwei Treppenstufen und das Handrad, mit dem der Müller den Wasserfluß reguliert. Sie werden gestrichen und dann quer über die Wasserrinne gelegt und verleimt.

Fest verbunden: Das Haus mit Wasserrinne und Fundament steht ohne Verankerung im Boden sicher, kann aber im Winter in die Wohnung geholt werden.

Fische, Frösche und

Fische zu füttern ist in einem intakten Teich meist nicht unbedingt notwendig, jedoch eine gute Möglichkeit, mit den Tieren vertraut zu werden. Sie gewöhnen sich an die regelmäßigen Futterzeiten und verlieren ihre Scheu vor Menschen. Farbkarpfen (Koi, rechts) können sogar richtig handzahm werden.

mehr: der Teich als Biotop

Zierfische können im Gartenteich gut gehalten werden. Andere Tiere wie z. B. Frösche finden sich dort später von selbst ein.

Für Naturbeobachtung im eigenen Garten bietet ein Gartenteich viel Gelegenheit. Frösche, Wasserschnecken, Libellen und andere Insekten siedeln sich nach kurzer Zeit dort an – unabhängig davon, wie groß oder tief der Teich ist. Wer nicht auf wildlebende Tiere warten will, kann Teichfische einsetzen. Für Fische sollte der Teich mindestens 80 cm tief sein, damit er auch in kalten Wintern nicht ganz zufriert und die Tiere in der untersten Wasserschicht ihre Ruhephase durchleben können.
Wie viele und welche Fische für den Teich geeignet sind, erfragt man am besten in der Zoohandlung, die die Tiere verkauft. Entscheidend ist die Teichgröße, denn viele Fischarten leben nur im Schwarm und brauchen deshalb relativ viel Platz. Einige Arten lassen sich gut zusammen halten, andere vertragen sich überhaupt nicht: Auch das ist vorher zu erfragen.

Libellen zählen zu den schönsten heimischen Insekten. Besonders prächtig ist die bis zu 54 mm lange Große Königslibelle.

Wasserschnecken (im Bild eine Spitzschlammschnecke) halten das Wasser im Teich sauber, denn sie ernähren sich von Algen.

Frösche sind öfter zu hören als zu sehen. Spannend zu beobachten ist die Entwicklung vom Laich zum erwachsenen Tier.

Seerosen und andere blühende Wasserpflanzen locken Insekten an, die für Frösche notwendige Nahrung sind.

Insekten nehmen aufgebohrte Stammabschnitte als Quartier an. Sie werden z. B. mit Wellplatten regensicher abgedeckt.

Unter Ziegelbruch, der einfach aufgehäuft wird, verstecken sich Kröten gern. Pflanzen verdecken die Haufen, die nur von nahem besehen unordentlich wirken.

Nistplätze in wilden Ecken

Wo Tiere leben sollen, müssen sie auch Unterschlupf und Nistmöglichkeiten finden. Eine unzugängliche Ecke am Gartenteich ist dafür ideal: Dort können Laubhaufen, Holzstapel oder Steinmauern aufgeschichtet werden. Oft reicht es sogar aus, ein Stück Ufer einfach verwildern zu lassen. Den Übergang zum gepflegten Teil des Teiches schaffen blühende Wildstauden wie Blutweiderich oder Mädesüß, die gut zu Zierpflanzen passen. Je mehr unterschiedliche Nistmöglichkeiten geschaffen werden, desto besser, denn alle Tiere profitieren voneinander.
Für Insekten kann man aus Stammabschnitten oder (unbehandelten) Kantholzresten Quartiere schaffen. Solches Rest-

sich am Rand des Teichs.

Totes Holz bietet sehr vielen Tieren Unterschlupf und Nistmöglichkeiten. Vor allem Insekten und Lurche suchen solche Stapel auf.

holz fällt beim Baumschnitt oder auch in der Werkstatt ab. Das Holz wird dafür mit unterschiedlich großen Bohrungen versehen und aufgeschichtet, dann regensicher abgedeckt.
Frösche und andere Lurche suchen in Laubhaufen oder Stapeln von Holz oder zerbrochenen Ziegeln Schutz, die im Lauf der Zeit von Pflanzen verdeckt werden und nicht mehr stören. Zum Tierleben am Teich gehören natürlich auch Vögel. Für sie werden Nistkästen aufgehängt und beerentragende Wildsträucher wie Weißdorn, Wildrosen oder Holunder gepflanzt. Bodenbrüter bauen sich ihre Nester im tiefen Gras, in das sich Katzen nicht hineinwagen, oder in Haufen toter Äste.

Laub bildet eine schützende und wärmende Decke, unter der sich Tiere den Winter über vergraben können. Der Haufen kann jeden Herbst wieder aufgefüllt werden.

Wintervorbereitungen:

Trockenes Schilf sieht schön aus und sorgt für Gasaustausch, wenn der Teich zufriert.

Eisfreihalter *mit Pumpe: Der Teich friert nicht zu, weil eine am Schwimmkörper hängende Pumpe das Wasser umwälzt.*

Gerollte Reetmatte *hält das Eis an einer Stelle offen und wirkt wie ein Schornstein, der Gase entweichen und Sauerstoff eindringen läßt.*

was am Teich zu tun ist

Laub, Pflanzenreste und Algen gefährden das Gleichgewicht im Teich. Sie müssen entfernt werden, bevor das Wasser zufriert.

In der Winterkälte kommt auch im Teich alles Leben zur Ruhe. Nur die Pflanzenreste, die auf den Boden abgesunken sind, verrotten – langsamer als im Sommer zwar, aber weiterhin unter Verbrauch von Sauerstoff. Die wichtigste Vorsorge für den Winter besteht darin, möglichst wenig solcher Reste ins Wasser gelangen zu lassen (z. B. indem zur Zeit des Laubfalls ein Netz über den Teich gespannt wird) und Öffnungen zu schaffen, durch die Faulgas entweichen und Sauerstoff eindringen kann. Für diesen Zweck gibt es Eisfreihalter, es genügen aber auch Reet- oder Schilfbündel, deren hohle Halme wie Schornsteine wirken. Auch sauerstoffproduzierende Unterwasserpflanzen können einen Ausgleich schaffen. Sie brauchen Licht zum Leben, deshalb sollte man den Teich abfegen, wenn die Schneedecke zu dicht geworden ist.

Große Stauden nimmt man jetzt aus dem Wasser, teilt sie mit einem scharfen Spaten und setzt sie einzeln wieder ein.

Fadenalgen sind meist zu Knäueln verwachsen und werden mit der Harke aus dem Teich gefischt. Sie kommen auf den Kompost.

Zu dicht stehende Pflanzen lassen sich mit der Hand aus dem Wasser ziehen. Sie werden umgesetzt oder kompostiert.

Pflanzenreste und anderes organisches Material lassen sich mit einem Käscher aus dem Teich fischen. Gegen Laub hilft ein Netz.

Stichwortregister

Fotografen: Jürgen Becker, Seite 67; Achim Deimling, Seite 74–76; Heissner, Seite 26–27, 54–59; Jalag, Seite 6–9; Jörg Jochmann, Seite 92–93; René Lauert, Seite 14–15; Ferdinand Graf Luckner, Seite 112–118; Marco Moog, Seite 84–89; OASE, Seite 14–23, 44–47, 102–111; Wolfgang Redeleit, Seite 24–25, 124–125; G. P. Reichelt, Seite 48–53, 62–63; Jochen Staben, Seite 60–61; Petra Stange, Seite 28–37, 68–73, 78–83, 90–91; Karin Vogel-Berensmann, Seite 62–63, 100–101; Frank Willhöft, Seite 38–43.
Zeichnungen: Horst Gebhardt, Seite 94–95; Heissner, Seite 57; OASE, Seite 124; Jochen Pape, Seite 76, 80, 101; Tillmann Straszburger, Seite 86, 103–105, 114.